光村教科書の時短授業が実現！

「書く単元」文型入り 文章の書き方ワークシート37

—学習者端末対応「視写→構成→清書」3ステップ作文指導法—

保坂雅幸
小島庸平・植木和樹・青野　翔
著

学芸みらい社
GAKUGEI MIRAISHA

●刊行に寄せて

視写を中心に教科書作文単元を攻略しよう

村野聡CHANNEL主宰　元小学校教諭　教材開発士　村野　聡

一

教科書作文単元を授業することは案外難しい。

まず子供たちは取材活動を嬉々として行い、その後の作文の構成もなんとかできる。

ところが、いざ自分で書いてみようとすると書けないのである。

それは、書き方が分からないからだ。教科書は作文の書き方を明示していない。

保坂雅幸氏を中心に執筆された今回の作文ワーク集、

『著書名』

がその難しいハードルをずいぶんと下げてくれそうだ。

作文指導をする際、必ず準備しなければならないのが、

モデル作文

である。

教師がこれから教えようとする作文は、子供たちにとってまったくイメージがない。

そのイメージを与えるのがモデル作文の役割である。

モデル作文を視写する

ことによって、子供たちは目指すべき作文のイメージを持つことになる。

同時に作文の書き方を体得することができるのである。

本書ワークシートでも、教科書のモデル作文を視写する活動が中心になっている。

そこがいい。

視写の授業は次のように進める。

まず、モデル作文を教師が読んで聞かせ、その上で子供たちにも音読させる。
数回は音読させた方がよいだろう。
次に、モデル作文がどのような型で組み立てられているのかを理解させる。
例えば、説明文であれば、「話題提示」「問題提起」「具体例・理由」「まとめ」という型になっている。
この型を簡単に解説するのである。
その上で、モデル作文を視写させる。
型を理解させずに視写させると、子供たちは作文がどのような型で書かれているのかを意識せずに書き進めてしまう。
そのため視写の効果が低くなってしまうので注意が必要だ。
視写は多くの子供ができる活動であり、作文指導の最初のステップである。
そして、視写させた後には評価が必要だ。
私は隣の席の子供同士でチェックをさせる。
もし、写し間違いがあった場合どうするか。
原則は消しゴムを使わせないことだ。
例えば、子供は夢中になって視写をしていると、一文字抜かしてしまうことがある。そんなとき、これまで書いてきた文章を消しゴムで全部消させる指導がある。これをやると子供は作文が大嫌いになる。
後から、抜けている文字をその側に書いておけばいいのである。
また、視写に関しては一定の配慮も必要になる。
視写スピードの問題である。
視写がはやく終わった子供、まだ終わらない子供、これをどうするか。
そんな場合は、
「はやく写し終えた子は小さな声で何度も何度も読んで暗唱してしまいなさい。」
と指示を出す。
モデル作文を暗唱できれば、作文の型が完全に体に入る。
「暗唱は究極の作文指導」なのである。
それでもまだ視写が終わらない子供がいた場合には、
「暗唱している子は一度、モデル作文を見ずに言ってみましょう。」
と、一斉に言わせる活動を行う。
こうして、時間差を埋めていくのである。

その一方で、視写のスピードを日常的に鍛えておくことも重要である。

例えば、視写スピードを鍛える授業をしておくとよい。

学期始めと終わりに二度も実施すれば十分だ。

教科書の文章を原稿用紙に十分間視写させる。

できるだけはやく視写させる。

学期始めと終わりの文字数を比べると圧倒的にはやくなっているはずだ。

ぜひ実践してほしい。

私の経験で言うと、視写のはやい子は作文を書くことも得意である。

このように、視写指導はただ単に書き写せばいいということではない。様々な配慮が必要な奥深い指導なのである。

二

保坂氏がこれまでに出版した「光村図書　国語教科書対応ワークシート集」がそうであったように、本書もＩＣＴを活用した単元構成を提案している。

私は書く活動は「手書き」で行うべきと考えている。

手書きがよいのかタイピングがよいのかについては様々な研究が行われている。

エビデンスがとれていることは、手書きの方が脳神経を活発にし、認知能力を高め、記憶にも定着しやすくなるということだ。

したがって、書く指導においては、できるだけ手書きがいいと私は考える。

ただし、文章構成を考える活動はＩＣＴ活用も効果的だ。

例えば、作文メモに書いた内容の順序を決める活動ではジャムボードの付箋を使うと簡単にできる。

本書においても「構成図作成」の段階がＩＣＴに対応していることが素晴らしい。

ＩＣＴがあるから使うのでなく、ＩＣＴの方がより効果的だから使うようにしていきたい。

三

教科書作文単元には大きな課題があると考えている。

それは、習熟の概念がないと言うことだ。

通常、作文単元は十時間程度の時間数で一つの作文しか書かせない。

その単元を終えた後、学んだ作文の型を使って書くことをしない。

報告文を一度書いたら、それで終わる。説明文を一度書いたらそれで終わる。
打ち上げ花火のようだ。
これでは子供に書く力を身に付けさせることができない。
ぜひ、本書で作文指導を展開した後、題材やテーマを変えて、同じ作文の型を使って何度も書かせて習熟させていただきたい。
そうしない限り、真の書く力を身に付けることはできない。
子供の学力を保障できない。
繰り返すからこそ書く力が身に付くのである。
是非、本書をフル活用して、子供たちに真の書く力を身に付けさせてほしい。

『村野式熱中ゲーム〝さいころ作文〟96』制作進行中！

村野聡作文指導教室（代表　村野聡）著

構成

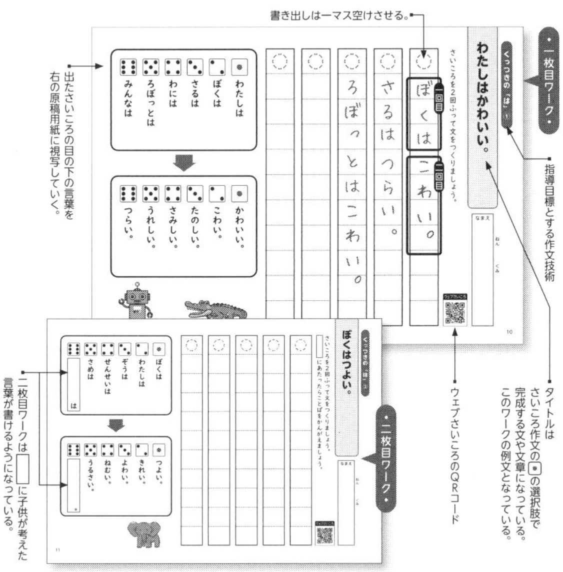
書き出しは一マス空けさせる。
一枚目ワーク
わたしはかわいい。
指導目標とする作文技術
タイトルは
さいころ作文の●の選択肢で完成する文や文章になっている。
このワークの例文となっている。
ウェブさいころのQRコード
出たさいころの目の下の言葉を右の原稿用紙に視写していく。
二枚目ワーク
ぼくはつよい。
二枚目ワークは□に子供が考えた言葉が書けるようになっている。

使い方

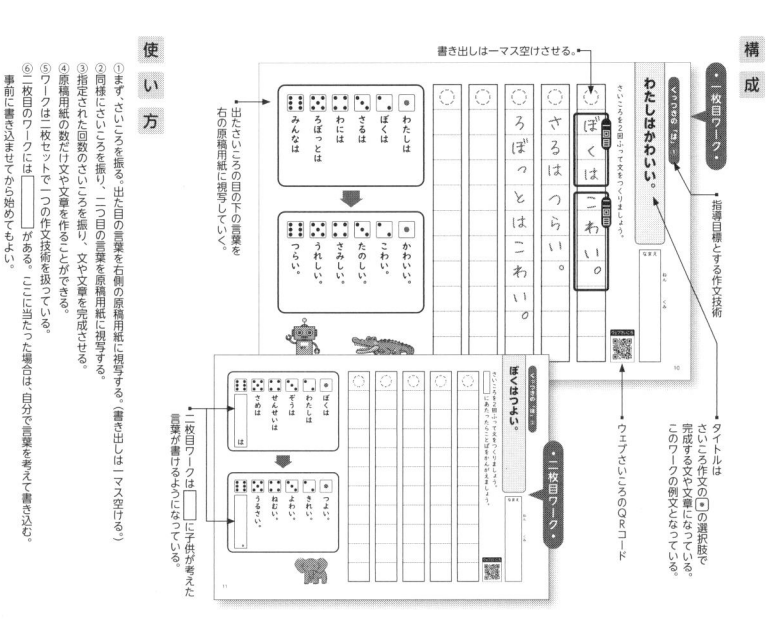

①まず、さいころを振る。出た目の言葉を右側の原稿用紙に視写する。（書き出しは一マス空ける。）
②同様にさいころを振り、二つ目の言葉を原稿用紙に視写する。
③指定された回数のさいころを振り、文や文章を完成させる。
④原稿用紙の数だけ文や文章を作ることができる。
⑤ワークは二枚セットで一つの作文技術を扱っている。
⑥二枚目のワークには□がある。ここに当たった場合は、自分で言葉を考えて書き込む。事前に書き込ませてから始めてもよい。
⑦QRコードを読み取るとウェブさいころが使える。

2023年1月刊行予定
予価：本体2,200円+税
B5横判・並製／112ページ
ISBN：978-4-86757-017-3

まえがき

本書は国語科書く単元を扱ったワークシート集である。特徴は、次の三点だ。

（一）光村図書の教科書に掲載されている「書く単元」をすべてワークシート化した
（二）視写教材を入れることにより、活動の中で、文章の書き方が理解できるようにした
（三）学習者端末に対応するため、一部データで活用できるようにした

まず大前提として、本書の指導法は、村野聡先生が提唱している「村野型作文指導法」がベースとなっている。村野氏は「教科書単元を二時間で終わらせる指導法」「アメリカ式作文の設計図を使った指導法」「評定を付ける日記指導法」など様々な作文指導法を提案している。これらの指導法が本著の根幹である。

（一）光村図書の教科書に掲載されている「書く単元」をすべてワークシート化した

令和二年二月発行の光村図書の教科書に掲載されている「書く単元」の教材をすべてワークシート化している（一部単元はデータ配信のみ）。視写教材、構成図、清書など様々なワークシートがある。印刷すれば、すぐに教室で活用できるようになっている。

（二）視写教材を入れることにより、活動の中で、文章の書き方が理解できるようにした

教科書の例文は学習指導要領で定められたその学年で身に付けるべき作文技術を身に付けるため、また単元のねらいを達成するために書かれている。つまり、その文型通りに書くことが基本となる。しかし、文型は教師の説明だけでは、児童が理解することは難しい。視写することで、自然と書き方を身に付けることができる。

（三）学習者端末に対応するため、一部データで活用できるようにした

学習者端末が配付され、学習の進め方が大きく変化している。「書く単元」も同様で、すでにパワーポイントやグーグルスライド、ジャムボードなどを活用し指導している先生

も多いだろう。本著では、構成図などを児童にデータで配信できるようにした。これにより、例えば、視写→アナログ　構成図作成→デジタル　清書→アナログ　といった指導が可能になる。もちろんすべての教材を印刷して、児童に配付し学習を進めることも可能である。

本書の基本的なワークシートの順番は以下のとおりである。

①単元の指導計画
②教科書の例文の視写教材
③調べ学習、構成図教材など
④下書き、清書

①単元の指導計画

指導計画、指示発問、評価文例などを掲載している。その教材で扱う文型（意見文、説明文など）のポイントも示してあるので参考にしてほしい。

②教科書の例文の視写教材

前述したとおり、視写をすることにより、文型を理解させることを目的としている。高学年になると、例文が長くなる。よって子どもから例文を視写することに対する不満が出る（めんどくさい）場合がある。そんな時は「授業の残り二十分で視写をします。残りは宿題になりますので、早く終わったら宿題が減ります。」と伝える。その日は、通常の宿題を一つ減らすなどの配慮をし、子どもの負担が増えないようにする。

③調べ学習、構成図教材など

調べ学習や、構成を考える際に使うシートである。そのまま印刷してもよいし、データ配信をして活用してもよい。データ配信では、マイクロソフトのパワーポイント、グーグルのジャムボードを活用することを想定している。各学校で使用しているソフトに合わせて使ってほしい。

④下書き、清書

これも、そのまま印刷、もしくはデータ配信をして活用するシートである。書き終わったらグループで見せ合うなどの活動を通して、互いの作文の良さを認め合うような学習につなげてほしい。

これまで、『物語を楽しく深く読む！新国語ワークシート27：読解技法による文学の授業＝全学年・全単元収録』『国語〝説明文教材〟の新読解ワークシート26：コピーしてすぐ使える！全学年・全単元収録』の二冊を執筆する機会を得た。本書を手元に置いていただければ、光村図書の「物語文単元」「説明文単元」「書く単元」がすべて指導可能となる。私は、この三冊を『光村図書　国語教科書対応ワークシート三部作』といってよいと自負している。

私自身のことだが、これまで活動してきたサークルに加え、昨年度新たに「ICT授業活用サークル『ｂｉｔ』」を立ち上げた。GIGAスクール構想に対応するため、日々の授業改善をさらに進めるため、月に一回、全国の先生と交流をしている。令和四年八月現在、メールグループ登録者は三百人を超えた。このサークルで学んだことが本書にも大きく影響している。

本書は二年生を小島庸平氏、五年生を植木和樹氏、六年生を青野翔氏が担当した。三人とも大変力のある先生である。すべての単元で、即使えるワークシートを作成してくれた。この三名がいたからこそ、本書を出版することができた。

本著を執筆するうえで、今回もたくさんの方にご尽力、ご助言をいただいた。前述した村野聡先生、執筆した三名の先生、十年以上同じサークルの場で学んでいる仲間たち、ｂｉｔの中で一緒に学んでいる全国、全世界の仲間たち、そして、教室で一緒に学んでいる子どもたちである。

また、学芸みらい社の樋口雅子氏には、具体的なシートの内容から、構成まで本当に多くのご指導ご助言をいただいた。私のような未熟な教員に、本の執筆の機会をこれまで三度もいただいたことを心から感謝している。ありがとうございました。

最後に、この数年、これまで出版させていただいた本を活用している先生方から「いつも教室で使わせていただいています」「学校で共有させていただきました」「教材研究にかける時間が減って本当に助かっています」という声をいただいています。教師として、自分の作成した教材を活用していただいて、こんなにうれしいことはありません。本著が皆様の日々の授業に役立つものになることを心から願っております。

本著を手に取っていただき、本当にありがとうございます。

令和四年八月

保坂雅幸

目次

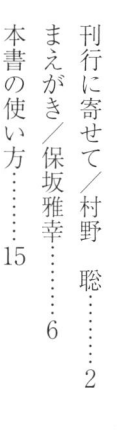

三年生

六年生

◎本書の使い方

単元ごとにQRコードがついています。パワーポイントのデータがダウンロードできます。

※ダウンロードできるのは主に構成図のシートです。

※ダウンロードシートは形式が本に掲載されているものと若干相違がありますが、内容は同じです。

ダウンロードデータ例　三年生「食べ物のひみつを教えます」

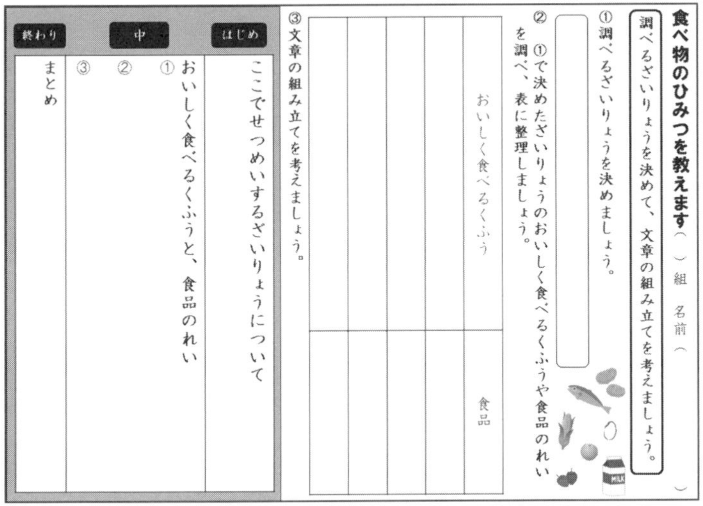
食べ物のひみつを教えます（　）組　名前（　）
①調べるざいりょうを決めましょう。
②①で決めたざいりょうのおいしく食べるくふうや食品のれいを調べ、表に整理しましょう。
③文章の組み立てを考えましょう。
はじめ　ここでせつめいするざいりょうについて
中　①②③　おいしく食べるくふうと、食品のれい
終わり　まとめ

マイクロソフト（パワーポイント）の使用を想定したシート

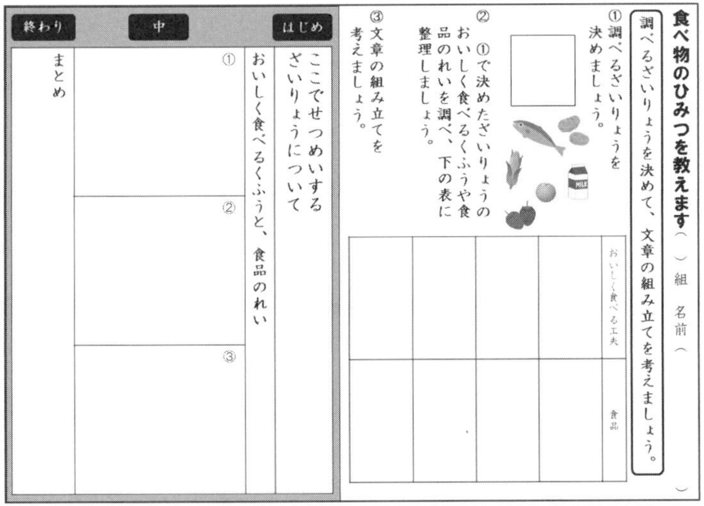
食べ物のひみつを教えます（　）組　名前（　）
①調べるざいりょうを決めましょう。
②①で決めたざいりょうのおいしく食べるくふうや食品のれいを調べ、下の表に整理しましょう。
③文章の組み立てを考えましょう。
はじめ　ここでせつめいするざいりょうについて
中　①②③　おいしく食べるくふうと、食品のれい
終わり　まとめ

グーグル（ジャムボード）の使用を想定したシート

マイクロソフトはパワーポイントの活用を想定しています。データをダウンロードしてそのまま活用（児童に配付等）してください。

グーグルはジャムボードの活用を想定しています。パワーポイントのデータをダウンロードした後、スクリーンショットなどを使い画像を保存し、ジャムボードに貼り付けて活用してください。

データ配信のみの単元

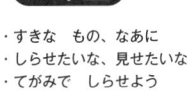

1年生
・すきな　もの、なあに
・しらせたいな、見せたいな
・てがみで　しらせよう

2年生
・すてきなところをつたえよう

3年生
・食べ物のひみつを教えます
・これがわたしのお気に入り

5年生
・みんなが過ごしやすい町へ

6年生
・日本文化を発信しよう

〈1年〉

さぁ はじめよう どうぞ よろしく

三時間計画

準備物
拡大したシート

指導計画

第一時　自己紹介をすることを知る。
第二時　名前を書く練習をする。
　　　　名刺カードを書く。
第三時　自己紹介をする。

各時間の指導略案（主な指示・発問・説明）

第一時

(1)「イラストを見ましょう。何をしているのでしょうか。」
(2)「友達を増やすために、名刺カードを使って、自己紹介をします。」
(3) シートを配付する。
(4)「名刺カードには、学年と組、名前を書きます。薄い文字をなぞりなさい。」
(5)「一年○組、自分の名前を書きなさい。」

第二時

(1) 五十音表を使って、ひらがなの読み方を練習する。
(2) シートを配付する。
(3)「年、組、自分の名前を書いて、名刺カードを作りなさい。」

第三時

(1)「名刺カードを交換して、自己紹介をしましょう。」
(2)「次の順番で自己紹介をします。」
・挨拶をする。
・名刺カードを見せる。
・自分の名前と好きな物を教える。
・相手の名前を読む。
・挨拶をして別れる。
(3)「名刺カードを交換しながら、自己紹介をしなさい。」
(4)「自己紹介をして、思ったことを発表しなさい。」

【名前カード作成時のポイント】

カードを書かせる前に、鉛筆の持ち方や姿勢を確認します。

シート一枚目では「いちねん　いちくみ　あおき　いちろう」を繰り返し音読させたり、なぞりがきをさせたりすることで、右側に「年、組」左側に「名前」を書くことを理解させます。

シート二枚目では、三回「年、組、名前」を書かせます。点線で切ることで、三枚の名前カードが作成できます。

まだ自分の名前を書くのが難しい児童には、お手本を作り、渡しましょう。

【学習のポイント】

自己紹介をする際に、「好きな食べ物」や「好きな遊び」などを紹介させるとよいです。

すきな　たべもの

すきな　あそび

このような短冊を作り、黒板に貼っておきます。

「私の名前は○○○○です。よろしくお願いします。」自己紹介の基本型を明確に示し、教師がデモンストレーションをすることで、活動の仕方を理解させます。カード集めの学習ではないので、丁寧に自己紹介をさせましょう。

ポイント!

【評価文例】

国語「どうぞ　よろしく」で、名刺カードを作った際には、丁寧にひらがなを書いていました。自己紹介をした際には、自分の名前や好きな物を相手に伝えており、多くの友達と交流することができました。

どうぞ　よろしく

なまえを　かく　れんしゅうを　しましょう。うすい　もじは　なぞりましょう。

いちねん　いちくみ

あおき　いちろう

がくねんと　くみを　かきます。▼

いちねん　いちくみ

なまえを　かきます。▼

あおき　いちろう

じぶんの　がくねんと　くみを　かきます。▼

じぶんの　なまえを　かきます。▼

どうぞ　よろしく

めいし　かあどを　つくりましょう。

〈１年〉

ぶんを　つくろう　二時間計画

準備物
拡大したシート
赤と青の画用紙（短冊状に切る）

指導計画

第一時　音読をする。
「〜が〜。」の文をつくることを知る。
視写をする。
第二時　イラストから文をつくる。

各時間の指導略案（主な指示・発問・説明）

第一時

(1)「絵を見ましょう。何をしていますか。」
(2) 赤色の画用紙に書かれた「わたしが」という掲示物を提示する。
(3)「『わたしが』の後に続くのはどんな言葉でしょうか。」
(4) 青色の画用紙に書かれた「はなす」という掲示物を提示する。
(5)「わたしがはなす。」を音読する。
※同じように、「みんながわらう。」も扱う。
(6)「文の終わりには、何がついていますか。」
(7) シートを配付する。
(8)「わたしがはなす。」「みんながわらう。」を視写させる。
(9) 絵を見ながら全員で文をつくった後、書かせる。

第二時

(1) 赤と青の画用紙を提示する。
(2)「前回とおなじように、『〜が〜。』という文をつくります。」
(3)「絵を見て、考えた文を発表しなさい。」
(4) 発表された文を板書する。
(5) シートを配付する。
(6)「文をつくって、書きなさい。黒板に書かれたものを書いてもよいです。」
(7) 書いた文を発表させる。
(8)「『はなの　みち』の絵を見て、文をつくりなさい。」

【文をつくらせる時のポイント】

文をつくらせる時に大切なのは例示をすることです。二枚目のシートでは文を自作させますが、始めから「絵を見て、文をつくりましょう。」と指示するのではなく、「絵を見て文をつくりますか。」と聞き、何人かに発表させます。思いつく人はいますか。出された意見を板書し、例示とします。「はなの　みち」の絵を見て文を考えさせる時も、始めに例示をします。ひらがなの練習がまだ終わっていない時期なので、板書されている文をそのまま写し書きする活動でもよいです。

【学習のポイント】

赤と青の画用紙を用意します。赤には主語、青には述語を書きます。

わたしが	はなす　。
みんなが	わらう　。

文を考えさせ、発表させた際にも、同様に画用紙に書き、黒板に貼ります。

シート②では自分で考えさせて書かせます。「はなの　みち」の最後の場面の絵を活用します。ここでは動物がたくさん描かれているので、「たぬきがおどる。」「すずめがとぶ。」などの文が考えられます。人間以外も主語になることを理解させせましょう。

【評価文例】

国語「ぶんをつくろう」で、文づくりをしました。イラストを見て「ちょうがとぶ。」「たぬきがおどる。」などを考え、丁寧な文字でシートに書くことができました。

ぶんを　つくろう

なまえ

ぶんを　つくりましょう。

(1) ぶんを　うつして　かきかたを　おぼえましょう。

わたしが　はなす。

ぶんの　おわりには、まる（。）を　かきます。

みんなが　わらう。

ぶんの　おわりには、まる（。）を　かきます。

(2) ぶんを　つくりましょう。おわりに、まるを　つけましょう。

ぶんを　つくろう

なまえ

ぶんを　つくりましょう。

(1) えを　みて、ぶんを　つくりましょう。

教科書のイラストを貼ってください。

(2) 「はなの　みち」の　えを　みて、ぶんを　つくりましょう。

おおきく なった　四時間計画

準備物
拡大したシート

指導計画

第一時　教科書を音読し、学習計画を立てる。観察カードを書くことを知る。どんな観点で、観察をするのか考える。
第二、三時　なぞり書きをして、観察カードの書き方を知る。観察をして、観察カードを書く。
第四時　カードを見せ合い、交流する。

各時間の指導略案（主な指示・発問・説明）

第一時

(1)育てている朝顔の写真を提示する。
「学校で育てている朝顔が大きくなってきましたね。何か気が付くことはありますか。」
(2)朝顔の葉の写真を提示する。
(3)「朝顔の葉の写真です。詳しく見てみましょう。何か気が付くことはありますか。」
(4)発表された意見を「いろ」「かたち」などの観点で分類しながら板書する。
(5)「実際に観察に行きましょう。」
(6)観察をする。観察する中で「さわったら、どんな感じがしますか。」「匂いはどうですか。」など観察の視点を与えていく。
(7)写真を撮らせる。

第二、三時

(1)シートを配付する。
(2)「前の時間に観察した朝顔の観察カードを書きます。」
(3)教科書に書かれている観察カードを視写させる。
(4)「自分の朝顔の観察カードを書きなさい。」
※観察カードは二つのパターンが例示されている。選択してもよいし、一枚目を書いた後しばらく時間を置き、成長した様子を二枚目に書かせてもよい。

第四時

①発表の仕方を伝える。
②「観察カードをグループで発表しなさい。」

【観察カードを書かせる時のポイント】

シートは右側に教科書の観察カードを試写する教材があります。左側は自分のカードを書く教材になっているので、手本を参考にしながら書かせましょう。
外に出て観察カードを書かせる方法もありますが、タブレットなど使い、写真を撮らせた後、教室で書かせる方がよいです。一定期間を置きながら写真を撮らせていくと、それだけで、朝顔の成長記録になります。児童が写真を撮ることが難しい場合は、教師が一つずつ写真を撮り、印刷して配付しましょう。

【学習のポイント】

教科書には「いろ」「たかさ」「におい」などが観察の観点として挙げられています。また、自分の考えを文に表現することが難しい児童も多いです。例示と同じ文型で全員書かせるとよいです。観察カードを書く機会は今後増えていくので、「今日は、においについて書いてみようか。」とか、「葉っぱが増えてきたから、今日は『はっぱは、〇まいありました。』のように、数を入れてみましょう。」などと、声掛けし、観察カードを書くたびに、書く内容を変えていきましょう。
また、第四時で発表する際には、発表の型を示します。「これが、わたしの育てている朝顔です。葉っぱの大きさは、～ぐらいです。さわると～します。これからもっと大きくなってほしいです（感想）。」型を示し、練習させることで、児童は安心して発表できるようになります。

【評価文例】

国語「おおきくなった」で、観察カードを書きました。「さわるとざらざらします。」と触ったときの感触を入れるなど、工夫して書くことができました。

おおきく　なった

なまえ

かんさつ　かあどを　かきましょう。

(1) きょうかしょに　かかれている　かんさつ　かあどを
かき　うつしましょう

(2) じぶんの　あさがおの　かんさつ　かあどを　かきましょう。

おおきく　なった

なまえ

かんさつ　かあどを　かきましょう。

(1) きょうかしょに　かかれている　かんさつ　かあどを
かき　うつしましょう

(2) じぶんの　あさがおの　かんさつ　かあどを　かきましょう。

こんな　ことが　あったよ　五時間計画

準備物
拡大したシート
拡大した教科書の例文
観点が書かれたカード

指導計画

第一時　楽しかったことを振り返る。
　　　　教科書を音読し、学習計画を立てる。
第二時　視写をして、文章の書き方を知る。
第三、四時　書くこと決めて、絵日記を書く。
第五時　書いたものを読み合い、感想を交流する。
　　　　学習を振り返る。

各時間の指導略案（主な指示・発問・説明）

第一時

(1)「最近楽しかったことを教えてください。」
(2)「ペアになって、楽しかったことを伝え合いなさい。」
(3)教科書を音読し、学習計画を立てる。

第二時

(1)教科書の例文を音読する。
(2)「何について書かれた絵日記ですか。」
(3)「いつ花火大会に行ったのですか。」
(4)「誰と行ったのですか。」
(5)「花火は、どのような様子でしたか。」
(6)「どんなことを思いましたか。」
(7)シートを配付する
(8)「花火大会の絵日記について書きなさい。」
(9)薄い文字をなぞらせたり、視写をさせたりする。

第三、四時

(1)シートを配付する。
※シートの使い方（実態に応じて選択する）
・A3に拡大して配付し、書き終えた後、点線で切ってクラスに掲示する。
・点線で切って、右側は通常通りの大きさで配付し、書かせる。左側は拡大して配付し、絵日記を書かせクラスに掲示する。
・そのまま配付し、点線の左側は下書きとして活用する。本番は別の紙に書かせる。
(2)「楽しかったことについて、『いつのことなのか』『だれといったのか』などについて書きなさい。」
※実態に応じて、全員同じテーマでもよい。
(3)絵を描かせた後、文章を書かせる。

【絵日記を書かせる時のポイント】

学習の進め方として、大きく二つのパターンがあります。

> ①全員共通のテーマで書かせる。
> ②全員違うテーマで書かせる。

①について

まだ文章を書くことに慣れていないので、全員同じテーマで書かせると、児童は安心感をもって学習に取り組むことができます。生活科で経験したこと、プールに入ったことなど、最近の出来事を一つ取り上げ、書かせます。時間に余裕があれば、まず全員同じテーマで書かせ、その後自分でテーマを設定させ、書かせる方法もあります。

②について

これまでの国語の時間で、文を多く書いている場合は、全員違うテーマで書かせましょう。しかし、突然「最近楽しかったことは何ですか。」と聞くと、戸惑う児童がいます。そこで、学習に取り組む一週間前ぐらいから、「楽しかったこと貯金」をするとよいです。帰りの会などで「今日楽しかったことを教えてください。」と聞き、出された意見を短冊に書きためておきます。学習が始まったら、「『楽しかったこと貯金』の中から選んでもよいですよ。」と伝えます。

【学習のポイント】

拡大した教科書の例文と次のようなカードを準備しておきます。

いつ	だれと	なにを　した
どうだった	おもった　こと	

第二時で、教科書に書かれている内容を確認していく時に、拡大した例文に貼っていきます。何をどのような順序で書けばよいのかを明確にします。もし、絵日記を二枚以上書くのであれば、「見たこと」などの観点も加えていきます。

こんな ことが あったよ

なまえ

えにっきの かきかたを おぼえましょう。うすい もじは、なぞりましょう。

(1) うすい もじを なぞりましょう。

かくこと

はなびたいかい

いつ	どようび
だれと	おじいちゃん
なにを した	はなびをみました。
どうだった	そらに、おおきなはながさいたみたいでした。
おもった こと	とてもきれいでした。

(2) きょうかしょの ぶんしょうを うつしましょう。えも かきましょう。

だいめい、なまえを かきます。

「いつ」「だれと」「なにを した」のかを かきます。「おもったこと」を かきます。

こんな　ことが　あったよ

なまえ

えにっきを　かきましょう。

(1) えにっきに　かく　ことを　かんがえましょう。

かく　こと

いつ	
だれと	
なにを　した	
どうだった	
おもった　こと	

(2) えにっきを　かきましょう。

〈１年〉

せつめいする　文しょうを　かこう

じどう車ずかんを　つくろう　六時間計画

準備物
拡大したシート
拡大した教科書の例文
観点が書かれたカード

指導計画

第一時　『じどう車くらべ』の学習を振り返る。
第二時　教科書を音読し、学習計画を立てる。
　　　　自動車に関する本を読む。
第三時　自動車カードに書く車を決める。
第四、五時　シートに「しごと」と「つくり」を書く。
　　　　自動車カードを書く。
第六時　自動車カードを紹介し合う。

各時間の指導略案（主な指示・発問・説明）

第一時

(1)「『じどう車くらべ』では、どんな自動車が出てきましたか。」

(2)「それぞれどんな仕事をしていましたか。そのために、どんなつくりになっていましたか。」

(3)教科書を音読し、学習計画を立てる。

第二時

(1)「どんな仕事をしているのか、また、そのためにどんなつくりになっているのか考えながら、自動車に関する本を読みなさい。」

※自動車カードに書きたい車が見つかったら、短冊に書かせて、黒板に貼っておく。また、その車について書かれたページは、タブレットなどで撮影させておくと、カードを作るときに活用できる。

第三時

(1)シートを配付する。

(2)「薄い字をなぞりなさい。」

(3)「調べた自動車の仕事とつくりを書きなさい。」

第四、五時

(1)シートを配付する。

(2)「教科書の文章を写しなさい。」

(3)「調べた車の自動車カードを書きなさい。」

第六時

(1)「自動車カードをグループで発表しなさい。」

(2)学習を振り返り、感想を発表させる。

【自動車カードを書かせる時のポイント】

自動車カードには「しごと」と「つくり」の二つの観点を書かせます。最も大切なのは「しごと」と「つくり」が関連しているかどうかということです。例えば、「はしご車は、たかいところにいる人をたすけるしごとをしています。」では、意味が通じません。あかいいろをしています。例示をして、何が違うのかを考えさせるとよいです。

作成した自動車カードは印刷し、一つにまとめ、自動車図鑑を作成しましょう。全員分をカラーコピーし、原本は本人に返します。コピーしたものを冊子にまとめます。

【学習のポイント】

自動車図鑑を作ることが、単元の目標になります。図鑑にはいろいろな種類の自動車を入れたいです。そこで、第二時でカードに書きたい自動車について短冊に書かせます。どの自動車について書くのか決める際に、次のような方法をとります。

・一つの自動車につき、二人までなど人数を決める。
・第一希望を聞いた後、「この車を希望する人がいないんだけれど、書いてくれる人いるかな。」と呼びかける。
・くじ引きで決める。
児童の実態にあわせて選択してください。

【評価文例】

国語「じどう車ずかんをつくろう」で、はしご車について書きました。「たかいところにいる人をたすけるしごとをしています。そのために、たかくのびるはしごがついています。」と仕事とつくりの関係をよく理解し、文章に書くことができました。

じどう車ずかんを　つくろう

（　　　）くみ　なまえ（　　　　　）

はたらく　じどう車の　しごとと　つくりを　かきましょう。

(1) うすい　じを　なぞって、じどう車の　しごとと　つくりの　かきかたを　おぼえましょう。

きゅうきゅう車

しごと

けがをした人や
びょうきの人を
はこぶ。
いそいではしる。

つくり

うごかせるベッド
がある。
うんてんせきの
うしろがひろい。
サイレン

(2) しらべた　じどう車の　しごとと　つくりを　かきましょう。

じどう車ずかんを　つくろう

くみ（　　）　なまえ（　　　　）

じどう車カードを　かきましょう。

(1) きょうかしょの　文しょうを　うつして、じどう車カードの　かきかたを　おぼえましょう。えも　かきましょう。

じどう車の　しごとを　かきます。

そのための　つくりを　かきます。

(2) しらべた　じどう車の　じどう車カードを　かきましょう。

くみ（　　）　なまえ（　　　　）

〈１年〉

きいて　しらせよう

ともだちの　こと、しらせよう　六時間計画

準備物
拡大したシート
拡大した教科書の例文

指導計画

第一時　教科書を音読し、学習計画を立てる。
第二時　視写をして、文章の書き方を知る。
第三時　友達への尋ね方を知り、シートに質問を書く。
第四時　友達に質問をする。
第五時　友達に聞いたことを文にする。
第六時　文章を読み合い、学習を振り返る。

各時間の指導略案（主な指示・発問・説明）

第一時

(1)「今、一番楽しいことは何ですか。」
(2)教科書を音読し、学習計画を立てる。
(3)「友達の楽しいことを質問して、みんなに知らせましょう。」

第二時

(1)シートを配付する。
(2)「教科書の文章を写して、友達のことを知らせる文章の書き方を覚えなさい。」

第三時

(1)「友達への質問の仕方を知りましょう。」
(2)デジタル教科書の動画を見せる。
(3)シートを配付する。
(4)「友達への質問を考えて書きなさい。」

第四時

(1)デジタル教科書の動画をもう一度見せて、質問の仕方を振り返らせる。
(2)「前の時間に書いたことをもとに、友達に質問をしなさい。質問の答えをシートに書きなさい。」

第五時

(1)シートを配付する。
(2)「前回質問して分かったことを文に書きます。教科書の例文を参考にしながら書きなさい。」
(3)「文が書き終わったら見直しをして、字の間違いがないか確認しなさい。」

【知らせる文章を書かせる時のポイント】

教科書の例文通り、三段落で書かせます。
一段落目→友達の楽しいこと
二段落目→詳しく聞いたこと
三段落目→感想

第五時で文章を書かせる際には、一文ずつ書く内容を確認しながら進めます。
「題名を書きます。」
「名前を書きます。」
「まず、友達が楽しいことを書きます。」
「次に、詳しく聞いたことを書きます。」
「最後に、感想を書きます。」
拡大した教科書を提示しながら書かせます。

【学習のポイント】

文章に書くことも大切ですが、質問ができるようになることも本単元では重要です。デジタル教科書の動画を活用し、質問の仕方を指導しましょう。一回見せるだけでは理解が十分ではないので、学習の始めに毎回見せるなどの工夫が必要です。

第六時で読み合いをする際には、読んだ感想を伝える話し方を指導します。「〇〇さんが～が好きだということがわかりました。～（一言感想を伝える）。」このような文型を示して、誰もが感想を伝えられるようにしましょう。

【評価文例】

国語「ともだちのこと、しらせよう」で、友達の好きなことを質問しました。その後「好きなことは、ドッジボールです。毎日中休みに遊んでいるそうです。」と文章に書き、グループで読み合う中で、感想を伝え合うことができました。

ともだちの　こと、しらせよう

（　　）くみ　なまえ（　　　　　　）

きょうかしょの　ぶんしょうを　うつして　ともだちの　ことを
しらせる　ぶんしょうの　かきかたを　おぼえましょう。

☆かきおわったら、小さな　こえで　くりかえし　よみ、
かきかたを　おぼえましょう。

ふりかえり

ぶんしょうの　かきかたが　わかりました。	
字を　ていねいに　かくことが　できました。	

よくできた◎　できた○　もうすこし△

ともだちの　こと、しらせよう

（　　）くみ　なまえ（　　）

いま、いちばん　たのしい　ことを、ともだちに　ききましょう。もっと　しりたいことも　ききましょう。

しつもんする　ことを　かんがえましょう。うすい　字は　なぞりましょう。

いま、いちばんたのしいことは、なんですか。

・おもしろい　ところ
・おどろいた　こと
・もっと　しりたい　こと
などを　かんがえながら、ききましょう。

ともだちの　こと、しらせよう

（　　）くみ　なまえ（　　　　　　）

ともだちの　いま、いちばん　たのしいと　おもって　いる
ことを　みんなに　つたえましょう。

(1) ともだちに　きいた　ことを　文しょうに　かきましょう。

(2) かいた　文しょうを　よみあって　かんそうを　つたえましょう。

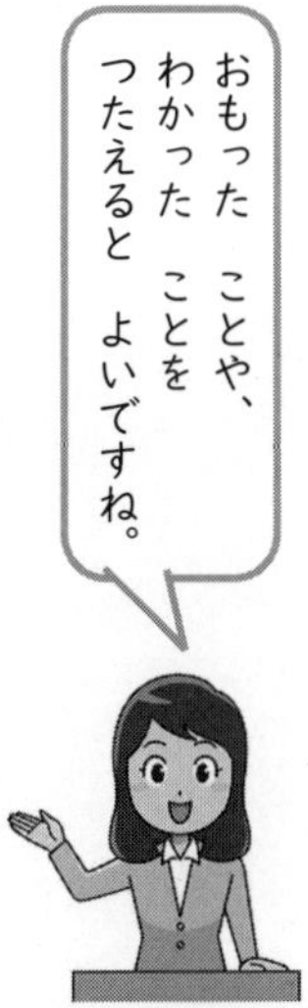

おもった　ことや、
わかった　ことを
つたえると　よいですね。

〈1年〉

おもい出して　かこう　いい　こと　いっぱい、一年生　五時間計画

準備物
拡大したシート
拡大した教科書の例文

指導計画

第一時　一年間の出来事を思い出す。教科書を音読し、学習計画を立てる。
第二時　視写をして、文章の書き方を知る。
第三時　文章に書く内容を決める。メモに書き出す。
第四時　文章を書く。
第五時　文章を読み合う。

各時間の指導略案（主な指示・発問・説明）

第一時

(1)「一年間で様々なことがありました。心に残っていることは何ですか。」
※一年間で撮った写真や動画を見せるとよい。
(2)「一年間の思い出の中から一つ選んで、文章に書きます。」
※学習のゴールは、「個人で書かせて掲示する」「全員の作品を集めてアルバムにする」など様々考えられるので、実態に応じて設定する。
(3)教科書を音読し、学習計画を立てる。

第二時

(1)シートを配付する。
(2)「教科書の文章を写して、文章の書き方を覚えなさい。」

第三時

(1)シートを配付する。
(2)「どの思い出を文章に書くのか、決めなさい。」
(3)「決めた思い出について、詳しく書きなさい。」
・したこと
・言ったこと
・言われたこと
(4)「今、思っていることを書きなさい。」

第四時

(1)「メモをもとに、文章を書きなさい。」

第五時

(1)「書いた文章をグループで読み合いなさい。感想を書き合いなさい。」

【思い出を書かせる時のポイント】

分かりやすく書くために、教科書では次のポイントが示されています。
・最初に、あったことを短く書く
・次に、詳しく思い出したことを書く
今後、行事作文などを書く時も同様の書き方で指導していくので、本単元で確実に書き方を身に付けさせます。
また、したことだけではなく、言ったことや言われたこと、思ったことなどを書かせることも大切です。作文メモを書く際に、「どんなことをその時言ったかな。」などと声掛けをしましょう。

【学習のポイント】

導入時に写真や動画を見せて、一年間の思い出を振り返らせます。黒板に、一年間の出来事を月別に書き、どんなことをしたのかを発表させるとよいです。その際には、次のような短冊を掲示します。

うれしかった　こと

たのしかった　こと

おどろいた　こと

「うれしかった思い出はありますか。」「楽しかった思い出はありますか。」などと発問します。

【評価文例】

①国語「いいこといっぱい、一年生」で遠足のことを作文に書きました。友達とお弁当を食べることが楽しかった。またみんなで遊びに行きたい。」と感想もふくめて書くことができました。
②国語「いいことといっぱい、一年生」で水泳で潜れるようになったことを書きました。「友達に拍手をしてもらってうれしかった。」と、その時の気持ちを文で表すことができました。

いい こと いっぱい、一年生

（　　）くみ　なまえ（　　　　）

きょうかしょの　ぶんしょうを　うつして、かきかたを　おぼえましょう。えも　かきましょう。

①だいめいと　なまえを　かきます。
②どんな　いいことが　あったのかを　かきます。
③くわしく　おもいだした　ことを　かきます。
④おもった　ことを　かきます。

☆かきおわったら、小さな　こえで　くりかえし　よみ、かきかたを　おぼえましょう。

ふりかえり

ぶんしょうの　かきかたが　わかりました。	
字を　ていねいに　かくことが　できました。	

よくできた◎　できた○　もうすこし△

いい こと いっぱい、一年生

くみ（　　）なまえ（　　　　　　）

どんな いい ことが あったかを おもい出しましょう。

(1) うれしかった ことや たのしかった ことを かきましょう。

・おどろいた こと
・がんばった こと
・できるように なった こと
・あたらしく しった こと
などもおもい出して みましょう。

(2) かくことを きめましょう。

(3) (2)で きめた ことを、くわしく かきましょう。

いつ	どんな いい ことが あったか	した こと	いった こと いわれた こと	おもった こと

いい こと いっぱい、一年生

（　　）くみ　なまえ（　　　　）

一年生に なってから あった いい ことを かきましょう。

みんなで よみあって、かんそうを かいて もらいましょう。

〈2年〉

きょうの　できごと

思い出して　書こう

五時間計画

準備物
拡大したシート
拡大した教科書の例文

【日記を書かせる際のポイント】

①	②
ワークシートの構成メモをもとに、「いつ」「だれと」「何をした」のかが、はっきり分かるように書かせます。一気に最後まで書かせるのではなく、日付が書けたら持って来させるなど、細分化して確認すると、子どもたちのミスが減ります。	見たことや言ったこと、聞いたことを書かせる際も、主語、述語を明確にして書かせます。見たことや言ったこと、聞いたことをあれこれ書かせようとはせずに、一つ程度にしぼって書かせましょう。回数を重ねて慣れて来たら、より詳しく書かせるといいです。よく書けている子の作文を手本として配付したり、一人一人評定したりすることで、どんな日記がいいのかが明確になり、子どもたちの上達も早くなります。

指導計画

第一時　教科書を音読し、学習計画を立てる。
第二時　視写をして、文章の書き方を知る。
第三時　書くことを決めて、構成を考える。
第四時　構成メモをもとに、日記を書く。
第五時　友達と日記を読み合い、良いところを伝え合う。

各時間の指導略案（主な指示・発問・説明）

第一時

(1)「今日、どんなことをしましたか。ノートに書き出しましょう。」
(2)「そのとき、どんなことを見たり、聞いたりしましたか。」
(3)教科書を音読し、学習計画を立てる。

第二時

(1)シートを配付する。
(2)「教科書の例文を視写して、文章の書き方を身に付けましょう。」
(3)視写をさせる。

第三時

(1)シートを、紙またはデータで配付する。
(2)「構成メモを書きます。今日の日付を書きなさい。」
(3)「何の出来事を日記に書くのか、決めなさい。」
(4)「それは、いつの出来事ですか。」
※以下、ワークシートの設問通りに発問していく。

第四時

(1)「構成メモをもとに、日記を書きなさい。」
(2)字の間違いなどがないか、見直しをさせる。

第五時

(1)「日記を読み合って、良いところを伝え合いなさい。」
（付箋に書かせ、貼らせてもよい）

【学習のポイント】

教師による範読を聞かせたり、教師の後を追って音読させたりと、変化を付けながら教科書の文例を読むことで、何を書けばいいのかを理解させます。子どもたちが暗唱するくらい読めるようになるといいです。

教科書の文章を視写することを通して、作文の型を身に付けさせます。何度か持って来させ、間違いがないか確認しましょう。細かく分けることで、間違いがあった時に子どもたちの負担が少なくて済みます。

構成メモが中々書き出せない子については、全体に指示した後、個別に対応します。口頭作文させると書きやすくなるでしょう。

【評価文例】

国語「きょうの　できごと」では、休み時間に友達と遊んだことを想起して構成メモを作りました。「バッタが葉っぱにかくれて見付けるのがたいへんだった。」と、その時感じたことを詳しく表現できました。

きょうの　できごと

（　　）組　名前（　　　　　）

きょうか書の　文しょうを　うつして、日記の　書き方を　おぼえましょう。

日づけと　したこと

見たこと　見つけた　もの　言ったこと　きいたこと　思ったこと

☆書きおわったら、小さな　声で　くりかえし　読み、書き方を　おぼえましょう。

ふりかえり

日記の　書き方が　分かりました。	
字を　ていねいに　書くことが　できました。	

よくできた◎　できた○　もうすこし△

きょうの　できごと

（　　）組　名前（　　　　）

きょう、どんなことを　しましたか。見たり、きいたり　したことを　思いだして、メモに　書きましょう。

(1)　日記に　書くこと。

【日づけ】

【いつ】（れい）中休み

【だれと】（れい）ともだちと

【したこと】（れい）虫とりを　しました。

(2)　見たこと、言ったこと、きいたこと、思ったこと　などを　書きましょう。

【見たことや、言ったこと、きいたことなど】

【思ったこと】

休みじかんや
じゅぎょう中に、
あったことを
思い出して
書きましょう。

きょうの　できごと

（　）組　名前（　　　）

きょう、どんなことを　しましたか。見たり、きいたり　したことを　思いだして、メモに　書きましょう。

(1) 日記に　書くこと。

【日づけ】	
【いつ】 （れい） 中休み	
【だれと】 （れい） ともだちと	
【したこと】 （れい） 虫とりを しました。	

(2) 見たこと、言ったこと、きいたこと、思ったこと　などを　書きましょう。

見たことや 言ったこと きいたこと など	
思ったこと	

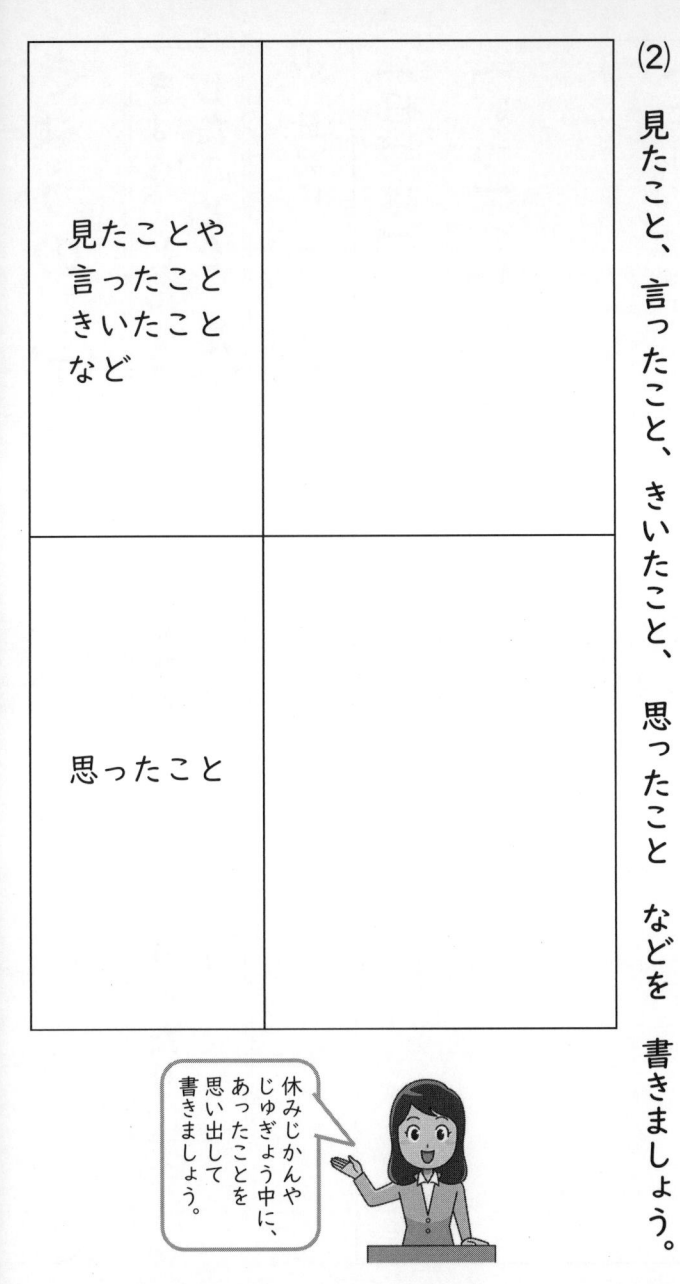

休みじかんや
じゅぎょう中に、
あったことを
思い出して
書きましょう。

きょうの　できごと

（　　）組　名前（　　　　　　　　）

メモを　もとに、日記を　書きましょう。

〈2年〉

かんさつ名人に　なろう

ていねいに　かんさつして、きろくしよう

五時間計画

準備物
観察する物
観察カード

指導計画

第一時　観察するものを決め、観察する。
第二時　視写をして、文章の書き方を知る。
第三時　見付けたことや気付いたことを伝え合い、書くことを決める。
第四時　観察したことを記録する文章を書く。
第五時　文章を読み合い、感想を伝え合う。

各時間の指導略案（主な指示・発問・説明）

第一時

(1)「生活科で育てている野菜を観察します。」
(2)「教科書に書かれていることを参考にして、詳しく観察しましょう。」
(3) 教科書に書かれている観点をもとに、観察するものの様子や動きを、ジャムボードや観察カードにメモさせる。

第二時

(1) シートを配付する。
(2)「例文を視写して、文章の書き方を身に付けます。」

第三時

(1)「観察するものを決めて、メモを書きなさい。」
(2)「観察して見付けたことや気付いたことをメモを見ながら、伝え合いなさい。」
(3)「分かりやすかったことを伝えたり、分からないことを質問したりしなさい。」
(4)「カードに書くことを決めます。」

第四時

(1) シートを配付する。
(2)「メモしたことをもとに、詳しく観察カードに書きなさい。」

第五時

(1)「文章を読み合って、よく観察しているな、上手に書けているなと思ったところを伝え合いなさい。」

【観察カード作成時のポイント】

初め	中
日付け、曜日、天気を書かせます。何を観察したのか分かるように、書かせましょう。	「花は」「花びらは」「くきは」というように、主語をはっきりさせて、何のことかが分かるように書かせます。「～みたいな」「～のような」などの言葉を使い様子を詳しく書かせましょう。「さわってみると」「においをかいだら」というように、どうやって観察したのかが、分かるようにしましょう。

【学習のポイント】

観察する植物や生き物は、生活科で育てているものや学校の敷地内にある生き物など、身近な生物が考えられます。教科書に書かれている観察の視点を読み、具体的に何に注目したらよいかを教えます。観察カードやジャムボードの付箋機能を使って、メモに残させます。

見付けたことや気付いたことを伝え合う場面では、「何が」「どんな」を意識させましょう。全体の活動に入る前に、教師と子どもで対話し、例示するとよいでしょう。また、視写をする前に、どこに何が書かれているのかを確認するとよいでしょう。

良い書き方をしている子を見付け、どんどん褒めていきましょう。そうすることで、他の子も良い書き方に気付いたり、真似をして書こうとしたりと主体的な活動につながります。

【評価文例】

国語「かんさつ名人に　なろう」では、生活科で育てているミニトマトについて、観察したことを記録する文章を書きました。

「花は、星みたいな形をしていました。」と書き、ミニトマトの様子を詳しく記録することができました。

かんさつ名人に　なろう（　　）組　名前（　　　　　　　　）

きょうか書の　文しょうを　うつして、かんさつカードの　書き方を　おぼえましょう。

日づけ、曜（よう）日、天気

何が　どんな　ようすか、くわしく書く

かんさつ名人に　なろう（　）

（　）組　名前（　　　　）

かんさつする　ものを　きめて、かんさつした　ことを　メモしましょう。

(1) 日づけと　天気、かんさつする　ものを　書きましょう。

月　日（　）	天気

(2) ようすや　うごきを、かんさつ　しましょう。

大きさ	
形	
色	
長さを　はかる。	
さわる。	
数を　数える。	
においを　かぐ。	
そのほか	

かんさつ名人に　なろう

（　　）組　名前（　　　　　　）

かんさつする　ものを　きめて、かんさつした
ことを　メモしましょう。

日づけと天気	月　　日（　）
かんさつしたもの	

【大きさ】	
【形】	
【色】	
【長さをはかる。】	

【さわる。】	
【数を数える。】	
【においをかぐ。】	
【そのほか】	

かんさつ名人に　なろう（　　）組　名前（　　　　　　　　）

かんさつカードを　書きましょう。

日づけ、曜日、天気

何が　どんな　ようすか、くわしく書く

〈2年〉

組み立てを 考えて 書き、知らせよう

こんな もの、見つけたよ

六時間計画

準備物
拡大した例文、シート

指導計画

第一時 教科書を音読し、学習計画を立てる。
第二時 視写をして、文章の書き方を知る。
第三時 見付けたものを書き留める。
第四時 メモをもとに、文章の組み立てを考える。
第五時 文章を書き、読み返す。
第六時 文章を読み合い、感想を伝え合う。

各時間の指導略案（主な指示・発問・説明）

第一時

(1)「町の中や学校を歩いているときに、『面白いな』というものを発見したことはありますか。」
(2) 教科書を音読し、学習計画を立てる。

第二時

(1) 教科書の例文を音読する。
(2)「例文を視写して、文章の書き方を身に付けなさい。」
(3) シートを配付し、視写させる。

第三時

(1)「面白いなと思うものを探しに行きましょう。」
(2)「見付けたものや気付いたことをメモに書きます。」
※次回までの宿題としてもよい。事前に保護者に協力を依頼する。週末をはさむとよい。

第四時

(1) 構成図を、紙またはデータで配付する。
(2)「メモをもとに、文章の組み立てを考えて、書きなさい。」

第五時

(1) メモをもとに文章を書かせる。

第六時

(1)「グループで作文を読み合いなさい。感想は付箋に書いて貼りなさい。」

【構成図作成時のポイント】

初め	中	終わり
見付けたものや気付いたことなど、知らせたいことについて書かせます。何を、どこで見付けたのか、詳しく書かせましょう。	見付けたものや気付いたことが、どんなものかについて書かせます。大きさや形、色や数などできるだけ詳しく書かせましょう。花の名前や生き物の名前など、分からないことは、教師に質問させたり、タブレット端末を活用して調べさせたりしましょう。	見付けたものや気付いたことに対する感想や、紹介のためのまとめの言葉を書かせましょう。

【学習のポイント】

前単元の「メモをとるとき」のメモの取らせ方を生かして、第一時のメモを書かせましょう。

書く単元において、初めて「はじめ」「中」「おわり」の構成について学習します。特に、「中」についてどのような順序で説明すると、読む人に分かりやすくなるか、第三時で考えさせるとよいです。伝わりづらい例を教師が示すことで、どんな組み立てがよいかイメージしやすくなります。

読み返させる際は、特に丸、点、かぎに気を付けて読ませるなど、観点を示すとよいです。

【評価文例】

①国語「こんなもの、見つけたよ」では、公園で見付けたきれいな花を紹介したいと考えました。初め、中、終わりの組み立てで紹介文を書くことができました。
②国語「こんなもの、見つけたよ」では、紹介したいことについて、詳しくメモを書きました。学校で見付けた虫について、文の組み立てを考えて、文章を書くことができました。

こんな　もの、見つけたよ（　）組　名前（　）

教科書の　文しょうを　うつして、知らせたい　ことを　つたえる　文しょうの　書き方を　おぼえましょう。

知らせたいこと

くわしいせつめい

まとめのことば

☆書きおわったら、小さな　声で　くりかえし　読み、書き方を　おぼえましょう。

丸、点、かぎに　気をつけて、ていねいに　かきましょう。

ふりかえり

知らせたい　ことを　つたえる　文しょうの　書き方が　分かりました。	
字を　ていねいに　書くことが　できました。	

よくできた◎　できた○　もうすこし△

こんな　もの、見つけたよ

（　）組　名前（　　　　）

見つけた　ものを　書きとめよう。

見つけた　ものや　気づいた　ことを、メモしましょう。

何を見つけたか	どこで見つけたか		どんなものか		
〈見つけた　ものや　気づいたこと〉れい　きれいな花がさいている木	〈場所〉れい　くじら公園	〈くわしい場所〉れい　ブランコの後ろ	〈大きさ、形、色、数〉れい　ピンクの花の木　一本	〈さわった　かんじ〉れい　つるつる	〈におい　など〉れい　あまいにおい

こんな　もの、見つけたよ

（　　）組　名前（　　　　　　）

組み立てを　考えよう。

メモを　もとに、「はじめ」「中」「おわり」の　組み立てで　なにを
書くのかを　考えましょう。

はじめ	中	おわり
知らせたいこと	くわしいせつめい	まとめのことば

こんな　もの、見つけたよ（　）組　名前（　　　）

組み立てを　考えよう。

メモを　もとに、「はじめ」「中」「おわり」の　組み立てで　なにを　書くのかを　考えましょう。

はじめ	知らせたいこと
中	くわしいせつめい
おわり	まとめのことば

こんな　もの、見つけたよ

（　　）組　名前（　　　　　　）

メモを　もとに、知らせたい　ことを　書きましょう。
書けたら、字の　まちがいが　ないか　たしかめましょう。

〈2年〉

せつめいのしかたに気をつけて読み、それをいかして書こう
おもちゃの作り方をせつめいしよう　六時間計画

準備物
作ったおもちゃ（写真や実物）

【構成図作成時のポイント】

初め	中	終わり
選んだおもちゃについて書かせます。「作品の名前」「材料や道具」の二つの内容について書かせましょう。	おもちゃの「作り方」について書かせます。「まず」「つぎに」「それから」など順序を表す言葉を使って書かせましょう。	おもちゃの「あそび方」について書かせます。遊び方については、詳しく書き過ぎると文章が長くなってしまうため、短く書くように声をかけます。

指導計画

第一時　これまでに作ったことがあるおもちゃを振り返る。
第二時　教科書を音読し、学習計画を立てる。
第三時　視写をして、文章の書き方を知る。
第四時　紹介するおもちゃを決める。
第五時　文章の組み立てを考える。
第六時　文章を書く。
　　　　文章を読み合い、感想を伝え合う。

各時間の指導略案（主な指示・発問・説明）

第一時
(1)「これまでどんなおもちゃを作りましたか。」
(2)教科書を音読し、学習計画を立てる。

第二時
(1)教科書の例文を音読する。
(2)「文章の工夫を考えなさい。」
(3)「例文を視写して、文章の書き方を身に付けなさい。」
(4)シートを配付し、視写させる。

第三時
(1)シートを配付する。
(2)「これまでに作ったおもちゃを書きなさい。」
(3)「書いた中から、紹介したいおもちゃを一つ選びなさい。」
(4)「おもちゃを作るために必要な材料や道具を書きなさい。」

第四時
(1)構成図を、紙またはデータで配付する。
(2)「前回書いたことをもとに、文章の組み立てを考えて、書きなさい。」

第五時
(1)構成図をもとに文章を書かせる。

第六時
(1)「グループで作文を読み合いなさい。感想は付箋に書いて貼りなさい。」

【学習のポイント】

題材となるおもちゃは、図画工作の時間に作った物や生活科で作った物などが考えられます。シート二枚目で作ったおもちゃを振り返らせる際に、児童から出てこなければ、おもちゃを作る時間をとってもよいでしょう。

作品は実際に持ってこさせてもよいですが、写真に撮らせてもよいです。作文の中に写真やイラストを入れるとより内容が読み手に伝わりやすくなるので、可能であるなら、印刷したものを持ってこさせます。

【評価文例】

国語「おもちゃの作り方をせつめいしよう」で、生活科の時間に作ったまつぼっくりを使ったけん玉の作り方を説明する文章を書きました。「まず」「次に」「それから」など、作る順序が分かる言葉を使って作文することができました。

おもちゃの作り方をせつめいしよう

（　　）組　名前（　　　　　　）

教科書の文しょうをうつして、おもちゃの作り方をせつめいする文しょうの書き方をおぼえましょう。

①おもちゃのしょうかい

②ざいりょうとどうぐ

③作り方

④あそび方

☆書きおわったら、小さな声でくりかえし読み、書き方をおぼえましょう。

ふりかえり

せつめいする文しょうの書き方が分かりました。	
字をていねいに書くことができました。	

よくできた◎　できた○　もうすこし△

おもちゃの作り方をせつめいしよう（　）組　名前（　　　）

しょうかいするおもちゃをえらび、つかうどうぐやざいりょうを書きましょう。

(1) これまでに作ったことのあるおもちゃを書きましょう。

(2) しょうかいするおもちゃを一つえらんで書きましょう。

(3) しょうかいするおもちゃを作るのに、どんなざいりょうやどうぐをつかいますか。

〈ざいりょう〉れい　まつぼっくり

〈どうぐ〉れい　カラーペン

図画工作や生活科の時間に作った物を思い出して書きましょう

おもちゃの作り方をせつめいしよう（　）組　名前（　）

文しょうの組み立てを考えましょう。

文しょうの組み立てを考えて、書きましょう。

おもちゃのしょうかい

〈えらんだおもちゃ〉

ざいりょうとどうぐ

〈ざいりょう〉

〈どうぐ〉

作り方

〈作り方〉

①

②

③

④

あそび方

〈あそび方〉

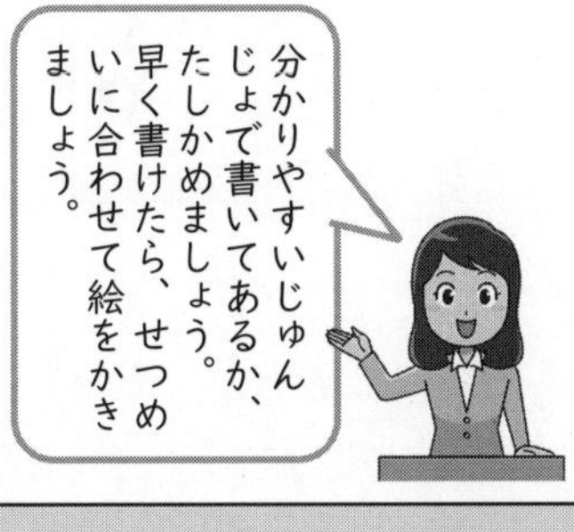
分かりやすいじゅんじょで書いてあるか、たしかめましょう。
早く書けたら、せつめいに合わせて絵をかきましょう。

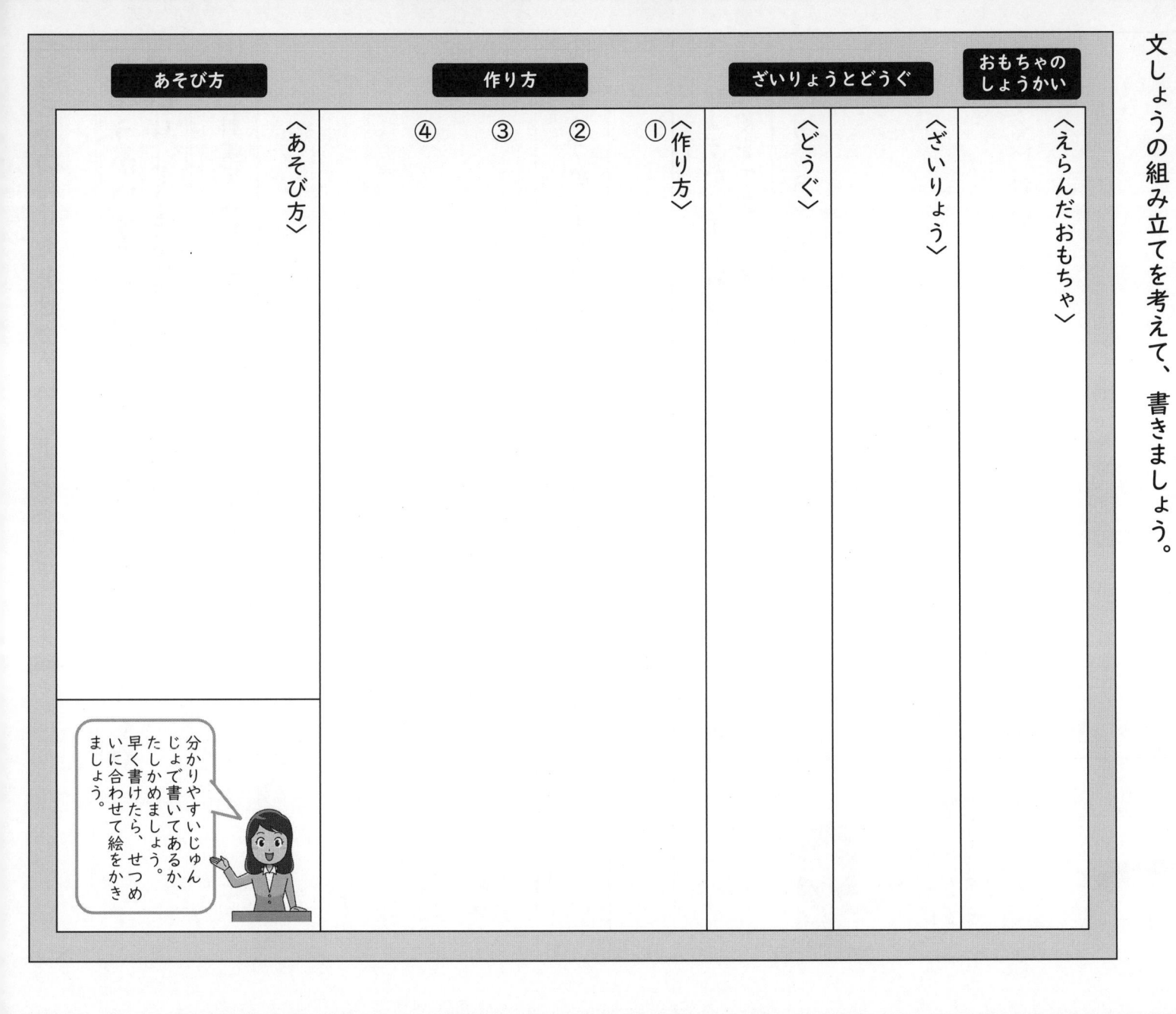

おもちゃの作り方をせつめいしよう（　）組　名前（　　　）

文しょうの組み立てを考えましょう。

文しょうの組み立てを考えて、書きましょう。

おもちゃのしょうかい

〈えらんだおもちゃ〉

ざいりょうとどうぐ

〈ざいりょう〉

〈どうぐ〉

作り方

〈作り方〉

①

②

③

④

あそび方

〈あそび方〉

おもちゃの作り方をせつめいしよう　（　　）組　名前（　　　　）

おもちゃの作り方をせつめいする文しょうを書きましょう。

〈2年〉

お話のさくしゃになろう

まとまりに分けて、お話を書こう

五時間計画

準備物
拡大した場面絵

指導計画

第一時　教科書を音読し、学習計画を立てる。お話の設定を考える。
第二、三時　メモをもとに、文章の組み立てを考える。
第四時　文章を書き、読み返す。
第五時　文章を読み合い、感想を伝え合う。

各時間の指導略案（主な指示・発問・説明）

第一時

(1) 教科書を音読し、学習計画を立てる。
(2) シートを、紙またはデータで配付する。
(3)「二人のねずみに名前を付けなさい。」
(4)「二人はそれぞれ、どんなねずみですか。」
(5)「二人のねずみは、どこへ何をしに出掛けたのですか。」
(6)「出かけた先で、どんなことが起きますか。『できごとのれい』を参考に考えます。」
(7)「最後、二人はどうなるのですか。」

第二、三時

(1) シートを配付する。
(2)「メモをもとに、文章の組み立てを考えて、書きなさい。」

第四時

(1) 構成図をもとに文章を書かせる。
(2)「お話が書けた人は、声に出して読み、間違いがないか、確かめます。」
(3)「お話に合う題名を考えます。」
(4)「初め・中・終わり」のそれぞれの絵を描きなさい。

第五時

(1)「グループでお話を読み合いなさい。感想は付箋に書いて貼りなさい。」

【構成図作成時のポイント】

初め	中	終わり
お話の設定を書かせます。第一時のメモをもとに、登場人物の名前や性格、話のきっかけを書かせます。	物語の中心となる出来事を書かせます。たくさんのアイデアを出させていいですが、一つか二つにしぼらせて、詳しく書かせましょう。既習事項である、主語と述語を明確にさせることや、会話文を考えさせましょう。	登場人物が最後にどうなったかを書かせます。

【学習のポイント】

子どもたちの「書きたい」気持ちを引き出せるように、様々なアイデアを共有するとよいです。

第一時でたくさん考えを出させ、板書やタブレット端末を活用して共有します。友達の意見で「いいな。」と思ったことをどんどん真似させます。教科書に、例が載っているため、それらを参考に書かせるとよいでしょう。

誰が何をしたのか、主語と述語を明確にして書かせることが大切です。構成メモやお話の文章を書かせる際は、最後まで一気に書かせるのではなく、『初め』が書けたら持って来なさい。」など、細分化して、正しく書けているか確認します。そうすることで、一度に直す負担を軽減できます。褒めることを意識して指導し、上手な書き方を共有していきましょう。

【評価文例】

国語「お話のさくしゃになろう」では、登場人物の性格や出来事について、想像を膨らませて考えました。主語と述語をはっきりさせて物語を書き、友達から「面白かった。」と感想をもらって嬉しそうでした。

お話のさくしゃになろう

（　）組　名前（　　　　）

お話を考えましょう。

じんぶつの名前やできごとなどを、メモしましょう。

じんぶつのしょうかい、お話のきっかけ

〈二人のねずみの名前〉れい　ねず子、ねずた

〈どんなじんぶつか〉れい　ねず子は、元気なねずみ。

〈何をしに出かけたのか〉れい　秋の木のみをさがしに出かける。

〈どこへ出かけたのか〉れい　森の中

できごと

〈どんなことが　おこるか〉れい　ふくろうのおじいさんに出会う。

お話のさいご

〈さいごに　どうなるか〉れい　木のみをたくさんもらって野原に帰る。

お話のさくしゃになろう

（　　）組　名前（　　　　　　）

お話を考えましょう。

じんぶつの名前やできごとなどを、メモしましょう。

じんぶつのしょうかい、お話のきっかけ

【二人のねずみの名前】 （れい） ねず子、ねずた	
【どんなじんぶつか】 （れい） ねず子　元気 ねずた　やさしい	
【何をしに出かけたのか】 （れい） 秋の木のみを さがしに出かけた。	
【どこへ出かけたのか】 （れい） 森の中	

できごと 【どんなことがおこるか】 （れい） ふくろうのおじいさんに 出会う。	
お話のさいご 【さいごにどうなるか】 （れい） 木のみをたくさん もらって野原に帰る。	

お話のさくしゃになろう

（　）組　名前（　　　　）

メモをもとに、お話をかんたんに書きましょう。

メモを　もとに、「はじめ」「中」「おわり」の組み立てで、お話をかんたんに書きましょう。書きおわったら、どんなお話を考えたのか、となりの人にせつめいしましょう。

はじめ	中	おわり
じんぶつのしょうかい お話のきっかけ	できごと	お話のさいご

お話のさくしゃになろう

（　　）組　名前（　　　　　　）

お話を書きましょう。書けたら、まちがいがないか、声に出して読みましょう。

じんぶつが話したことばを入れるときは、「〜と言いました。」だけでなく、「〜とききました。」「〜とたずねました。」など、いろいろなことばをつかってみましょう。

〈2年〉

詩を作ろう

見たこと、かんじたこと

四時間計画

準備物
詩集

指導計画

第一時　教科書を音読し、学習計画を立てる。教科書の詩から工夫を見付ける。
第二時　詩に書くことをメモさせる。
第三時　詩を書く。
第四時　詩を読み合い、面白いと思ったところ、様子がよく分かるところなどを伝え合う。

各時間の指導略案（主な指示・発問・説明）

第一時

(1) 教科書を音読し、学習計画を立てる。
(2)「教科書に書かれた詩には、どんな工夫がありますか。考えながら読みなさい。」
(3)「どんな工夫がありましたか。隣の人同士で伝え合いなさい。」
(4) シートを、紙もしくはデータで配付する。
(5)「教科書の詩の工夫を書きなさい。」
(6) 意見を共有させる。

第二時

(1)「『詩』を書くための言葉を集めます。」
(2) シートを、紙もしくはデータで配付する。
(3)「見たこと、聞いたこと、さわったものなどを思い出してメモに書き込みなさい。」
(4)「一つ書けたら、持って来ます。」

第三時

(1)「メモをもとに、詩を書きます。」
(2) シートを配付する。
(3)「一行目が書けたら持って来ます。」

第四時

(1)「書いた詩を班で読み合います。面白いと思ったこと、様子がよく分かったところなどを伝え合いましょう。付箋に書いて貼りなさい。」

【メモ作成時のポイント】

詩に書くことについてのアイデアをメモにします。行事やイベントなどの後だと、より書き易くなります。全ての枠を埋める必要はなく、偏りがあってもよいです。「どんな音が聞こえましたか。」「何が見えましたか。」「その時、どんなことを思いましたか。」など、書くことが苦手な児童には、個別に質問をすると、アイデアを引き出すきっかけになります。

また、前単元である「ようすをあらわすことば」で学習したことを振り返ることで、詩に生かそうとする児童が出てきます。そういった子どもの言葉を取り上げて褒めることで、どんな言葉を使うといいのか、子どもたちも理解できます。どんどん良い言葉、書き方を取り上げ褒めていくことが大切です。

【学習のポイント】

詩のイメージがわくように、教科書の例文だけでなく、教科書の扉詩や「きせつのことば」に書かれた詩を読み聞かせてあげるといいでしょう。また、学級文庫などに、詩集を用意しておいて、読む時間を設定すると、より詩の書き方がイメージできます。

教科書の例文から、音や気持ちを表す言葉などに注目させるといいでしょう。また、直接書かれた言葉だけでなく、文が短いことや、語尾に気付かせることも一つの方法です。

メモや詩を実際に書かせる時には、一つ（一文）書けたら持って来させ、驚き、褒めましょう。

【評価文例】

①国語「見たこと、かんじたこと」では、思ったことを詩に書き表しました。オクラの葉を「つるつる」「ざらざら」と様子を使った言葉で表し、リズムの良い詩をつくりました。

②国語「見たこと、かんじたこと」では、思ったことを詩に書き表しました。音を表す言葉を使って、その時の様子がよく分かる詩を書くことができました。

見たこと、かんじたこと

（　　）組　名前（　　　　　　）

教科書の詩のくふうを見つけて、詩に書くことを考えましょう。

(1) 教科書に書かれた詩を読んで、くふうを考えましょう。

（れい）「うれしいな」と、きもちが書かれている。

(2) さいきん心がうごかされたことを書きましょう。

（れい）・遠足に行く前に、どきどきした。
・ピアノがうまくなって、先生にほめられた。
・四時間目のおわりごろ、おなかがすいてたおれそうになった。

見たこと、かんじたこと

（　　）組　名前（　　　　　　）

詩（し）に書くことについて、くわしく考えましょう。

詩に書くことについて、くわしく書きましょう。すべてのわくに書かなくてもよいです。

詩に書くこと（れい）遠足に行く前に、どきどきしたこと。

見たこと	聞いたこと	さわったものや さわったかんじ	おもったこと	かんじたこと	そのほか
れい　リュックサックをせおって、せいれつしている友だちのすがた。	れい　先生の話。「さいごまで、がんばって歩きましょう。」	れい　むねに手を当てた。いつもよりどきどきしていた。	れい　さいごまでがんばって歩こうと思った。	れい　楽しみだけどきんちょうしていた。	れい　みんなもどきどきしているようだった。

見たこと、かんじたこと

（　　）組　名前（　　　　）

メモをもとに、詩を書きましょう。
書けたら、字のまちがいがないか、たしかめましょう。

くりかえし同じことばをつかったり、同じことばで文がおわったりするように書くと、詩にリズムが生まれますね。

大事なことを考えて、あんないの手紙を書こう

気もちをこめて「来てください」 五時間計画

準備物
特に無し。昨年度の行事の写真を提示できれば、イメージがわきやすくなる。

指導計画

第一時　これまでに手紙を書いたり、もらったりした経験を考える。
第二時　視写をして、手紙の書き方を知る。学習計画を立てる。
第三時　相手を決めて、手紙に書く内容を考える。
第四時　手紙を書く。
第五時　学習を振り返り、これまでに書いた手紙と案内の手紙との違いを考える。

各時間の指導略案（主な指示・発問・説明）

第一時

(1)「これまで、手紙を書いたり、もらったりした経験はありますか。また、その時、どんな気持ちでしたか。」
(2) 教科書を音読し、学習計画を立てる。

第二時

(1) 教科書の例文を音読する。
(2)「文章の工夫を考えなさい。」
(3)「例文を視写して、手紙の書き方を身に付けなさい。」
(4) シートを配付し、視写させる。

第三時

(1) 構成メモを、紙またはデータで配付する。
(2)「だれに、何の行事を伝えるのか考えます。シートに書き込みなさい。」
(3)「手紙を書く相手を一人決めて、赤鉛筆で○をつけなさい。」
(4)「伝えることをメモに整理しなさい。」

第四時

(1) シートを配付する。
(2)「例文やメモをもとに、手紙を書きなさい。」
(3)「内容や言葉遣いに間違いはないか、丁寧な言葉を使っているかを確かめなさい。」

※封筒に入れて出す際は、四年「お礼の気持ちを伝えよう」に封筒の宛名書きワークがあるので、活用する。
※点線で切れば、そのまま手紙になる。

【構成図作成時のポイント】

初め	中	終わり
作文メモでは、日時、場所を書くことになりますが、手紙には始めのあいさつを書くことになります。教科書通り「緑がきれいなきせつになりました。」で書き始めてもよいし、インターネットで「手紙　始めのあいさつ」で検索すると季節や月ごとのあいさつがたくさん出てきます。そこから選ばせる方法もあります。	手紙には、日時や場所に加えて「何をするのか」を一文、「どんな気持ちなのか」を一文でそれぞれ書かせます。事前に構成メモに書かせておき、そのまま手紙に書かせます。	「書いた日」「自分の名前」「相手の名前」を書かせます。自分の名前を書くことを忘れる児童がいるので、気を付けましょう。

【学習のポイント】

春に運動会が行われる学校は、運動会の招待状がよいです。一方、運動会がない場合は、学校公開の案内の手紙などが考えられます。学習時期をずらす方法もあります。

また、手紙を出す相手を決めるのが難しい場合があります。直接渡せる相手に出すのが一番簡単ですが、一、二年生の担任や関わった先生に出すのもおすすめです。また、自分の親に向けて出す方法もあります。

郵便で送る場合は、保護者に協力を求め、事前に宛名を書いてもらい、切手を貼った状態にして学校に持ってこさせるのがよいです。

【評価文例】

国語「気もちをこめて『来てください』」で、運動会の案内の手紙を書きました。丁寧な言葉で書くことや日時や場所を入れることなどに気を付けて、書くことができました。

気もちをこめて「来てください」

（　　）組　名前（　　　　）

教科書の例文を視写して、あんないの手紙の書き方をおぼえましょう。

(1) 手紙を書くときに気をつけることです。うすい文字をなぞりましょう。

・ていねいな言葉を使う。（文のおわりを「です」「ます」でそろえる。）

・正しく、読みやすい字で書く。

(2) 教科書の例文を視写しましょう。

① はじめのあいさつ

② つたえること
・行事
・日時
・場所
・すること
・気もち

③ むすび
・書いた日
・自分の名前
・相手の名前

☆書きおわったら、小さな声でくりかえし読み、書き方をおぼえましょう。

ふりかえり

あんないの手紙の書き方が分かりました。	
字をていねいに書くことができました。	

よくできた◎　できた○　もうすこし△

気もちをこめて「来てください」（　）組　名前（　　　）

だれに、何の行事をつたえるのか考えましょう。

(1) 何の行事をつたえるのか書きましょう。

(2) だれにつたえますか。何人か考えて、書きましょう。また、書いた中から手紙を書く相手を一人決めて、赤えんぴつで○をつけましょう。

直せつ手紙をわたせない相手なら、住所が分かるかどうか、おうちの人にかくにんしましょう。

(3) つたえることを、メモに整理しましょう。

行事	
相手	

日時	
場所	
自分がすること	
気もち	

気もちをこめて「来てください」

（　　）組　名前（　　　　　）

だれに、何の行事をつたえるのか考えましょう。

(1) 何の行事をつたえるのか書きましょう。

(2) だれにつたえますか。何人か考えて、書きましょう。また、書いた中から手紙を書く相手を一人決めましょう。

直せつ手紙をわたせない相手なら、住所が分かるかどうか、おうちの人にかくにんしましょう。

行事

相手

日時	場所	自分がすること	気もち

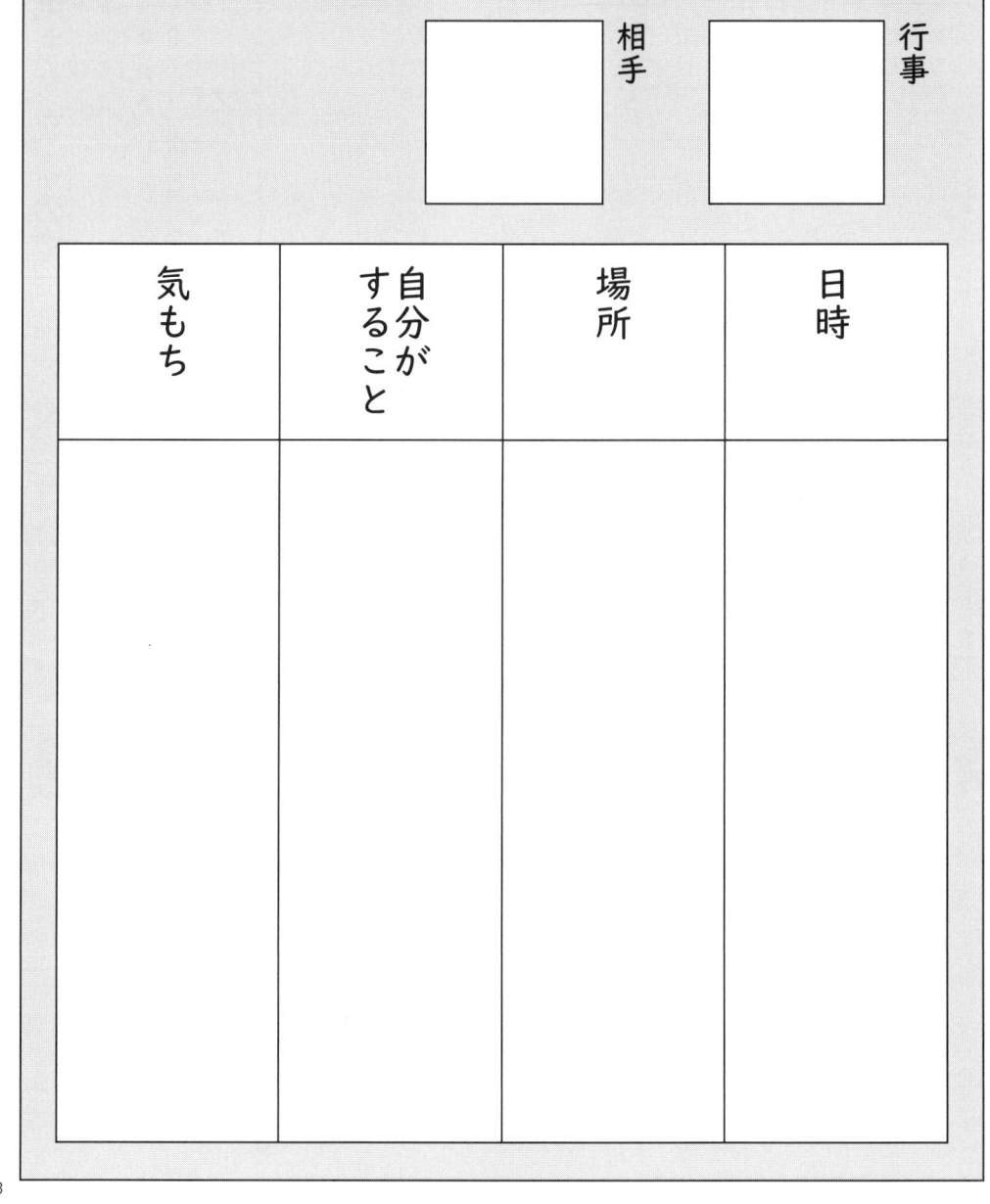

気もちをこめて「来てください」（　）組　名前（　　　　）

あんないの手紙を書きましょう。

(1) 例文（れいぶん）やメモをさんこうにして、あんないの手紙を書きましょう。

(2) あんないの手紙を書くときに気をつけたことや、くふうしたことを書きましょう。

〈３年〉

仕事のくふう、見つけたよ　七時間計画

組み立てを考えて、ほうこくする文章を書こう

準備物
調べた仕事の写真

指導計画

第一時　身の回りにはどんな仕事があるのか考える。
第二時　仕事の工夫を考える。
第三、四時　視写をして、文章の書き方を知る。調べたい仕事を決める。工夫を調べる。
第五時　文章の組み立てを考える。
第六時　文章を書く。
第七時　文章を読み合い、感想を伝え合う。

各時間の指導略案（主な指示・発問・説明）

第一時

(1)「どんな仕事を知っていますか。」
(2)（スーパーマーケットの様子と店員の写真を提示する）
「スーパーマーケットでは、商品を売るために、どんな工夫をしていますか。」
(3) 教科書を読み、学習計画を立てる。

第二時

(1) 教科書の例文を音読する。
(2)「文章の工夫を考えなさい。」
(3)「例文を視写して、文章の書き方を身に付けなさい。」
(4) シートを配付し、視写させる。

第三、四時

(1) シートを配付する。
(2)「身の回りにある仕事を書きなさい。」
(3)「調べたい仕事を一つ選びなさい。」
(4)「仕事について知っていることを書きなさい。」

第五時

(1) シートを、紙またはデータで配付する。
(2)「仕事について詳しく調べなさい。」
(3)「調べたことをもとに、構成図に書き込みなさい。」

第七時

(1)「グループで作文を読み合いなさい。感想は付箋に書いて貼りなさい。」

【構成図作成時のポイント】

初め	中	終わり
二つの段落で「調べた理由」と「調べ方」について書かせます。多くの子がインターネットを使って調べることになると思いますが、図書室から関連する本を持ってきて「本で調べることも大切なことです。」と話し、本を活用させることも大切です。	仕事の工夫について書かせます。本単元では「仕事の内容」ではなく「仕事の工夫」について書くので、例示が必要です。教科書の内容を確認するだけでなく、例えば、消防士―「火事の時、すぐに火を消すための工夫」看護師―「患者さんを安心させるための工夫」などを例として挙げます。	調べたことをもとに、「初めて知ったこと」「驚いたこと」「勉強になったこと」などを書かせます。たくさん書かせるのではなく「特に驚いたこと」のように、一つに絞って書かせます。

【学習のポイント】

一番のポイントは、どの仕事を調べさせるかです。方法は二つあります。
①自分で調べる仕事を決めさせる。
②調べる仕事を指定する。
①では児童の興味関心によって仕事を設定することができます。一方、調べる時に、仕事の内容のみ調べ、工夫を調べられない子が出てくる可能性があります。
おすすめは②の方法です。本単元を扱うときは、社会科で地域のことを学習している時期です。地域の公共施設（図書館や体育館など）に見学に行く際に、「仕事の工夫を探してきましょう」と伝えます。そこで知ったことや、調べたことをもとに作文を書かせます。職員の方に直接質問もできるので、学習がスムーズに進みます。

仕事のくふう、見つけたよ　（　）組　名前（　　　　　）

教科書の例文(れいぶん)を視写(ししゃ)して、ほうこくする文章の書き方をおぼえましょう。

題名

①調べたきっかけや理由

②調べ方

③調べて分かったことや考えたこと

③調べて分かったことや考えたこと

④まとめ

ふりかえり

ほうこくする文章の書き方が分かりました。	
字をていねいに書くことができました。	

よくできた◎　できた○　もうすこし△

仕事のくふう、見つけたよ

（　）組　名前（　　　）

調べたい仕事を決めて、知っていることを書き出しましょう。

(1) 身の回りにある仕事をたくさん書きましょう。
（れい）しょうぼうし

(2) くわしく調べる仕事を書きましょう。

(3) その仕事について知っていることを書き出しましょう。

（れい）のように、知っていることを書き出しましょう。

仕事

（れい）

仕事　しょうぼうし
火事をけす
しょうぼう車にのる
くん練をしている
しょうぼうしょではたらく

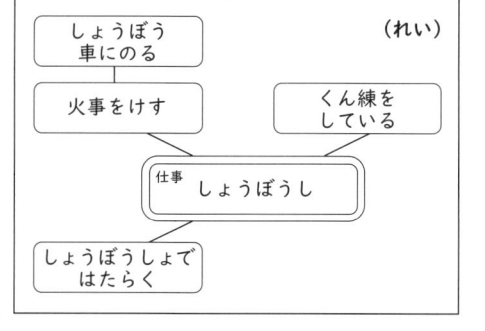

仕事のくふう、見つけたよ

（　　）組　名前（　　　　　）

仕事のくふうについてくわしく調べましょう。また、文章の組み立てを考えましょう。

(1) 仕事のくふうについてくわしく調べましょう。

[1] 調べる仕事

[2] 調べ方

[3] 仕事のくふう

今回は、仕事のくふうについて調べます。たとえば、「しょうぼうし―火事の時にすぐに使えるよう、毎日道具の点けんをしている。」などです。

(2) 文章の組み立てを考えましょう。

①調べたきっかけや理由

②調べ方

③調べて分かったこと
1）

2）

④まとめ

仕事のくふう、見つけたよ

（　）組　名前（　　　　　）

仕事のくふうについてくわしく調べましょう。また、文章の組み立てを考えましょう。

(1) 仕事のくふうについてくわしく調べましょう。

1 調べる仕事

2 調べ方

3 仕事のくふう

今回は、仕事のくふうについて調べます。たとえば、「しょうぼうし―火事の時にすぐに使えるよう、毎日道具の点けんをしている。」などです。

(2) 文章の組み立てを考えましょう。

①調べたきっかけや理由

②調べ方

③調べて分かったこと

1）

2）

④まとめ

仕事のくふう、見つけたよ　(　)組　名前(　　　　)

ほうこくする文章を書きましょう。

〈3年〉

組み立てにそって、物語を書こう

たから島のぼうけん

五時間計画

準備物
教科書の地図を印刷しておく（シートに貼るため）

指導計画

第一時　地図を見て、想像を広げる。
第二時　視写をして、文章の書き方を知る。
第三時　物語の設定と文章の組み立てを考える。
第四時　文章を書く。
第五時　文章を読み合い、感想を伝え合う。

各時間の指導略案（主な指示・発問・説明）

第一時

(1)「宝島の地図を見なさい。何が描かれていますか。また、どんなことが起こるでしょうか。」
(2)「想像したことを、（ワークシート／スライド／ジャムボードなど）に書き込みなさい。」

第二時

(1)「物語を書く時には、「（一）始まり（二）出来事が起こる（三）出来事が解決する（四）むすび」の四つの内容を書くことが大切です。」
(2)教科書の例文を音読する。
(3)「『・・・』で省略されているところには、どんなお話が入るでしょうか。」
(4)「今考えたことをイメージしながら、例文を視写しなさい。」
(5)シートを配付し、視写させる。

第三時

(1)構成図を、紙またはデータで配付する。
(2)「お話の内容を考えます。登場人物などについて考え、シートに書き込みなさい。」
(3)「登場人物がどこから島に上陸し、どのルートで宝まで行ったのか、教科書に書き込みなさい。起きる出来事は一つだけとします。」
(4)「構成図に書き込みなさい。」

第四時

(1)構成図をもとに、文章を書かせる。

第五時

(1)「グループで物語を読み合いなさい。感想は付箋に書いて貼りなさい。」

【構成図作成時のポイント】

初め	中	終わり
地図を手に入れた場所や方法、どのようにして宝島にたどり着いたのかを考えさせます。「登下校の途中で拾った」「海で遊んでいるときに、瓶に入って流れてきた」など具体的な場面を例示して、書かせるとよいです。	出来事（事件）は一つに限定します。解決する方法を考えさせると、「銃で撃って倒す」とか「火をつけて燃やす」などの発想をする子がいます。そこで、起きる事件も解決する方法も「読む人が、嫌な気持ちにならないような出来事や解決方法を考えましょう。」と指示します。手に入れる宝物は金銀財宝でもよいのですが、「手紙」や「思い出の品」など登場人物を成長させるものや、関係性をより強くするものなどを考えさせられるとよいです。	どのようにして帰るのか、また帰った後どうするのかを考えさせます。人間として成長する結末を考えさせると、充実した物語になります。

【学習のポイント】

物語を想像して書くことは子どもにとって魅力的な課題です。多くの子が意欲的に学習に臨みます。しかし、登場人物を増やしすぎたり、出来事（事件）を次々と起こしたりすると、話の収拾がつかず、物語に一貫性がなくなってしまいます。
そこで、登場人物は人間二人（必要に応じてペット一匹は認める）まで、出来事（事件）は一つだけと制限します。
地図に宝物までのルートを書き込ませる際に、動物や建物（トラやピラミッドなど）を一つだけ通らせ、宝物にたどり着かせるようにしましょう。

たからの島のぼうけん

（　）組　名前（　　　　　）

たから島の地図を見て、そうぞうしたことを（例）のように書きこみましょう。

（例）森に入ってくる人を、追い出そうとするトラ。

教科書の宝島の地図を貼ってください。

☆書きおわったら、グループで発表をしましょう。

ふりかえり

そうぞうしたことを、書きこむことができました。	

よくできた◎　できた○　もうすこし△

たから島のぼうけん

（　）組　名前（　　　　　　）

教科書の例文を視写して、物語の書き方をおぼえましょう。

(1) 教科書の例文を読み、しょうりゃくされている部分はどんなお話が入るのか、話し合いましょう。

(2) 教科書の例文を視写しましょう。

①始まり

②出来事（事件）が起こる

③出来事（事件）が解決する。

④むすび

☆書きおわったら、小さな声でくりかえし読み、書き方をおぼえましょう。

ふりかえり

物語の書き方が分かりました。	
字をていねいに書くことができました。	

よくできた◎　できた○　もうすこし△

たからじまのぼうけん

（　）組　名前（　　　　）

物語の内容や、文章の組み立てを考えましょう。

(1) 登場人物を書きましょう。
ぼうけんするのは、どんな人物でしょうか。

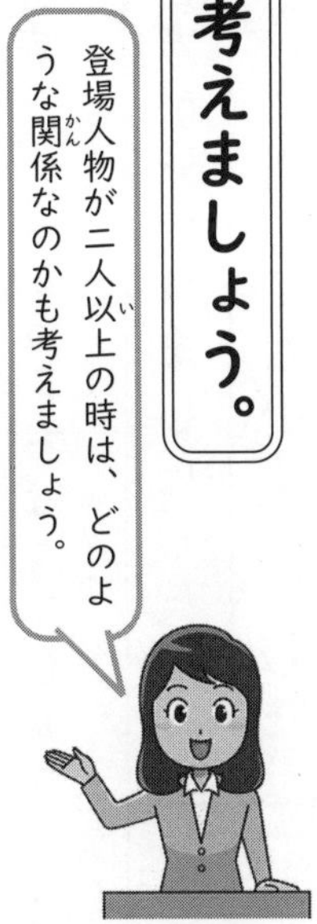
登場人物が二人以上の時は、どのような関係なのかも考えましょう。

名前	どんな人物か（年れいやせいかく、とくぎ、すきなことなど）。

(2) 物語が始まる時（きせつ、時間）、場所を書きましょう。

時	
場所	

(3) 文章の組み立てを考えましょう。

始まり	出来事（事件）が起こる	出来事（事件）が解決する	むすび
どのようにして地図を手に入れるのか どのようにしてたから島へたどり着くのか	どのような出来事（事件）が起こるのか 出来事（事件）が起きた時、二人はどのような行動をするのか	どのようにして、出来事（事件）を解決するのか どのようなたから物を手に入れるのか	たからを手に入れた後、登場人物はどうするのか

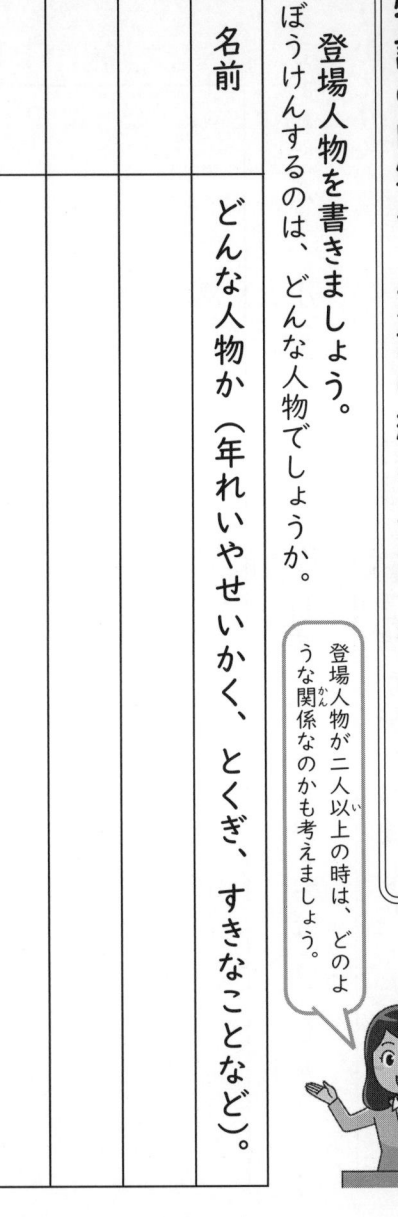

たから島のぼうけん

（　　）組　名前（　　　　　　）

物語の内容や、文章の組み立てを考えましょう。

(1) 登場人物を書きましょう。

ぼうけんするのは、どんな人物でしょうか。

名前	どんな人物か

登場人物が二人以上の時は、どのような関係なのかも考えましょう。

(2) 物語が始まる時（きせつ、時間）、場所を書きましょう。

時	場所

(3) 文章の組み立てを考えましょう。

はじめ	どのようにしてたから島へたどり着くのか	
	どのようにして地図を手に入れるのか	
中	出来事（事件）が起こる	どのような出来事（事件）が起こるのか
		出来事（事件）が起きた時、二人はどのような行動をするのか
	出来事（事件）が解決する	どのようにして、出来事（事件）を解決するのか
		どのようなたから物を手に入れるのか
むすび	たからを手に入れた後、登場人物はどうするのか	

たから島のぼうけん

物語を書きましょう。

（　　）組　名前（　　　　　　　　）

〈４年〉

お礼の気持ちを伝えよう

気持ちが伝わる手紙を書こう

六時間計画

準備物　特に無し

指導計画

第一時　教科書を音読し、学習計画を立てる。
第二時　視写をして、文章の書き方を知る。
第三時　誰に、何の手紙を書くのかを決める。
　　　　文章の組み立てを考える。
第四時　文章を書く。文章を読み直す。
第五時　住所と宛名を書き、手紙を送る。
第六時　学習を振り返る。

各時間の指導略案（主な指示・発問・説明）

第一時

(1)「お世話になった方に、お礼の気持ちを伝える手紙を書きます。」
(2) お世話になっている人の例を挙げる。
・総合的な学習でお世話になった人
・あいさつのボランティアをしてくれている人
(3) 教科書を音読し、学習計画を立てる。

第二時

(1) 教科書の例文を読む。
(2) 文章の構成を確認する。
(3)「教科書の例文を視写して、文章の書き方を身に付けます。」
(4) シートを配付し、例文を視写させる。

第三時

(1) シートを、紙もしくはデータで配付する。
(2)「誰に、何のお礼を伝えるのか決めなさい。」
(3)「文章の内容を考えて、構成図に書きなさい。」

第四時

(1)「前回書いたことをもとに、お礼の文章を書きなさい。」
(2)「書き終わったら、字の間違いなどがないか見直しをしなさい。」

第五時

(1) シートを配付する。
「薄い文字をなぞって、宛名と住所の書き方を覚えなさい。」
「手本を参考に、宛名と住所を書きなさい。」

【構成図作成時のポイント】

初め	中	終わり
時候のあいさつや相手の様子を尋ねる言葉を書かせます。時候のあいさつはインターネットで検索すると様々出てくるので、季節に合ったあいさつを選ばせます。自分の紹介も忘れずに書かせましょう。	伝えたいことを書かせます。三、もしくは四文程度がよいです。「何をしてもらったのか」「その時、どう感じたのか」「これから、どうしていきたいのか」などについて書かせましょう。	「これからもお体に気を付けて～」の文で書かせるのが子どもにとって書きやすいです。別の結びのあいさつとしては、「〇〇さんのごかつやくを心から願っております。」「また、お会いできる日を楽しみにしております。」などがあります。インターネットで「手紙結びのあいさつ」で検索すると例が出てくるので、調べさせ、内容に一番ふさわしい文を選ばせてもよいです。

【学習のポイント】

手紙を出す相手をなかなか決められない子がいます。そんな時は、これまでお世話になった先生で、他校に異動された方に書くのがよいです。また、学習の振り返りでは「手紙でお礼を伝えることの良さ」について考えさせるとよいです。インターネットを活用することが増え、手紙でお礼を伝える機会は減っています。手紙を書くことの良さを考えさせることもこの学習の大切なポイントになります。

お礼の気持ちを伝えよう（　）組　名前（　　）

教科書の例文を視写（ししゃ）して、お礼の気持ちを伝える手紙の書き方を覚えましょう。

①初めのあいさつ
季節に関する言葉、相手の様子をたずねる言葉、自分のしょうかいを書きます。

②本文
手紙で伝えたいことを書きます。

③むすびのあいさつ
相手を気づかう言葉や別れのあいさつを書きます。

④後づけ
日付、自分の名前、相手の名前を書きます。

☆書き終わったら、小さな声でくり返し読み、書き方を覚えましょう。

ふりかえり

お礼の気持ちを伝える手紙の書き方が分かりました。	
字をていねいに書くことができました。	

よくできた◎　できた○　もうすこし△

お礼の気持ちを伝えよう

（　　）組　名前（　　　　　　）

手紙を書く相手と内容を決めて、文章の組み立てを考えましょう。

(1) お世話になった方と、どんなことについてお礼を言いたいのか書きましょう。

お世話になった方	お礼を言いたいこと

(2) (1)で書いた中から、手紙を書く相手と内容を決めましょう。

お世話になった方	内容

(3) 文章の組み立てを考えて、書きましょう。

初めのあいさつ	本文	むすびのあいさつ	後づけ
季節に関する言葉や、相手の様子をたずねる言葉 自分のしょうかい	伝えたいこと	別れのあいさつ 相手を気づかう言葉	日付　自分の名前　相手の名前

お礼の気持ちを伝えよう

（　　）組　名前（　　　　　）

手紙を書く相手と内容を決めて、文章の組み立てを考えましょう。

(1) お世話になった方と、どんなことについてお礼を言いたいのか書きましょう。

お世話になった方	お礼を言いたいこと

(2) (1)で書いた中から、手紙を書く相手と内容を決めましょう。

お世話になった方

内容

(3) 文章の組み立てを考えましょう。

初めのあいさつ	本文	むすびのあいさつ	後づけ
季節に関する言葉や、相手の様子をたずねる言葉	伝えたいこと	別れのあいさつ	日付　自分の名前　相手の名前
自分のしょうかい		相手を気づかう言葉	

お礼の気持ちを伝えよう（　）組　名前（　　　）

住所とあて名の書き方を覚えましょう。

(1) うすい文字をなぞって、住所とあて名の書き方を覚えましょう。

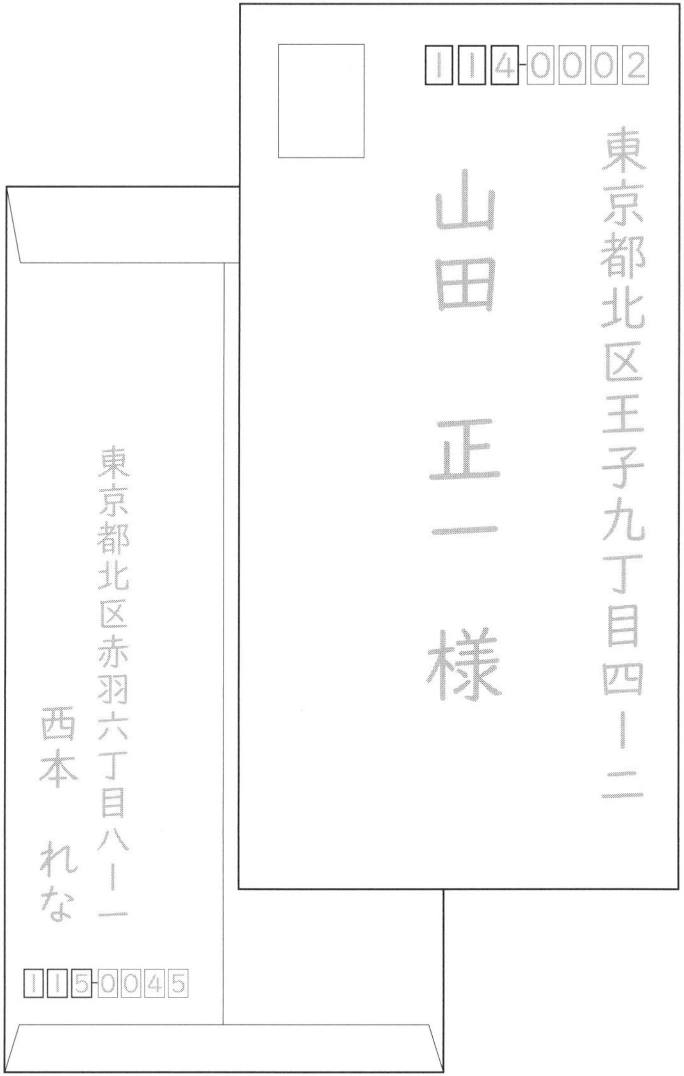

(2) 右の手本を参考（さんこう）にして、手紙を出す相手の住所やあて名を書きましょう。

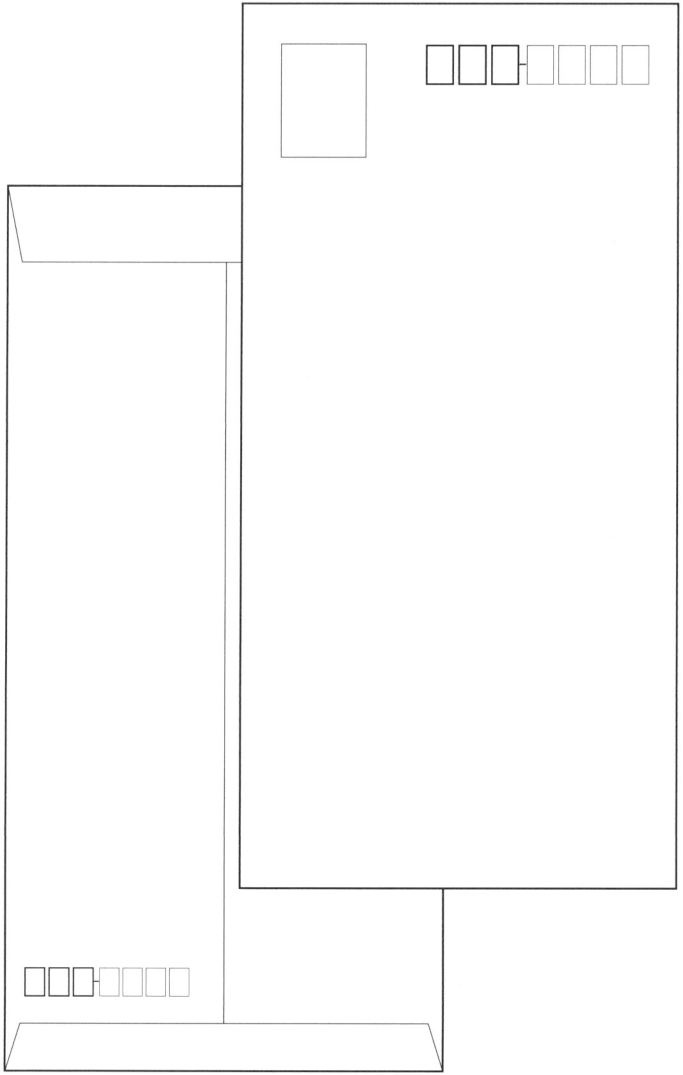

お礼の気持ちを伝えよう

（　　）組　名前（　　　　　　　　）

お礼の気持ちを伝える手紙を書きましょう。

〈4年〉

新聞を作ろう

事実を分かりやすく伝えよう

九時間計画

準備物
新聞

指導計画

第一時　新聞から読む人のことを考えた工夫を考える。音読し、学習計画を立てる。
第二時　視写をして、記事の書き方を知る。
第三、四時　どんな新聞にしたいのか話し合う。取材をする。
第五時　取材メモをもとに、割り付けを考える。
第六時　取材メモをもとに記事の下書きを書く。
第七、八時　推敲、清書をし、新聞を仕上げる。
第九時　新聞を読み合い、感想を伝え合う。

各時間の指導略案（主な指示・発問・説明）

第一時

(1)「新聞を見ましょう。読み手に分かりやすく伝えるために、どんな工夫がありますか。」
(2)新聞名、見出しなどが書かれていることを理解させる。
(3)教科書を音読し、学習計画を立てる。

第二時

(1)教科書の例文を読む。
(2)文章の構成を確認する。
(3)「教科書の例文を視写して、文章の書き方を身に付けます。」
(4)シートを配付し、例文を視写させる。

第三、四時

(1)シートを配付する。
(2)「どんな新聞を作るのか、グループで話し合って、テーマや記事の内容を決めなさい。」
(3)「決まったグループから取材を始めなさい。」

第五時

(1)シートを、紙もしくはデータで配付する。
(2)「例を参考に、割り付けを考えて書きなさい。」
(3)「自分の担当する記事の下書きをしなさい。」
(4)「下書きが書き終わったら、グループで読み合いなさい。自分たちが伝えたいことがより伝わるように、アドバイスをしなさい。」

【新聞記事作成のポイント】

新聞記事作成のポイントとして、教科書には次のことが書かれています。

・最初に一番言いたいことを書く
・事実が正しく伝わるように書く
・見出しに伝えたいことをまとめる
・内容を知らない人が読んでも分かるように、必要なところには説明を加える
・写真や図、表を使って分かりやすくしめす

この項目を読んだだけでは、理解することは難しいです。そこで、この項目をノートに書かせた後、教科書の新聞例のどこと対応しているのかを考えさせます。例えば、

・最初に一番言いたいことを書く

これは、一つ目の記事の冒頭「六月八日の学級会で、カメの名前は『ビック』に決まりました。」に対応しています。このように実際の記事と関連付けることで、理解を深めます。

【学習のポイント】

今回の学習で大切なのは、相手意識をもたせることです。「誰に読んでもらうのか」をまずは明確にしましょう。クラスで読み合うのか、他学年に読んでもらうのか、学校公開などで保護者、地域の人に読んでもらうのか、相手によって新聞の内容が大きく変わってきます。他教科と関連付けるならば、「総合的な学習で学んだことを新聞にまとめて、保護者や地域の人に見てもらおう」「四年生の学習内容を三年生に伝えよう」などの課題設定が考えられます。

【評価文例】

国語「新聞を作ろう」の学習で、「私たちのクラス紹介」をテーマに新聞を作りました。好きな遊びのアンケート結果をグラフにまとめ、読み手に内容が伝わるよう工夫して作ることができました。

新聞を作ろう

（　　）組　名前（　　　　　　）

教科書の例文を視写（ししゃ）して、新聞記事の書き方を覚えましょう。

大きく育て

教科書
カメの写真を貼ってください

☆書き終わったら、小さな声でくり返し読み、書き方を覚えましょう。

ふりかえり

新聞記事の書き方が分かりました。	
字をていねいに書くことができました。	

よくできた◎　できた○　もうすこし△

新聞を作ろう

（　　）組　名前（　　　　　　）

どんな新聞を作るのか考え、取材をしましょう。

(1) テーマを決めましょう。

1 新聞にするテーマをいくつか考えましょう。

2 1で書いた中から、テーマを一つ決めましょう。

例えば「クラスの出来事」「学校の行事」などが考えられますね。

(2) 記事にすることを書きましょう。

(3) 新聞の作り方について考えましょう。

1 読み手に伝えたいことは何ですか。

2 どのような方法で調べますか。

3 どの記事を、だれが書きますか。

(4) 取材をして、調べたことなどを書きましょう。

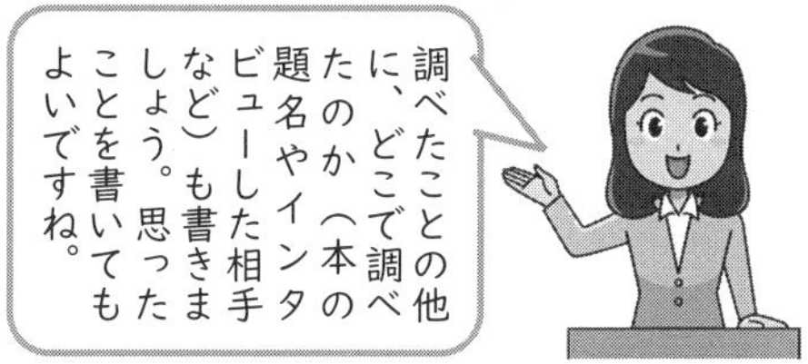
調べたことの他に、どこで調べたのか（本の題名やインタビューした相手など）も書きましょう。思ったことを書いてもよいですね。

新聞を作ろう

（　）組　名前（　　　　　）

わりつけを考えて、記事を書きましょう。

(1) 記事にする内容を書きましょう。

(2) （例）を参考にわりつけを考えましょう。また、新聞の名前も決めましょう。

（例）

新聞の名前	運動会のこと
クラスのいいところ	クラスで人気の遊び
係のしょうかい	

(3) 記事の下書きをしましょう。グラフやイラスト、写真なども用意しましょう。

見出し

記事

グラフやイラスト、写真など

新聞を作ろう

（　　）組　名前（　　　　）

わりつけを考えて、記事を書きましょう。

(1) 記事にする内容を書きましょう。

(2) （例）を参考（さんこう）にわりつけを考えましょう。
また、新聞の名前も決めましょう。

（例）

(3) 記事の下書きをしましょう。グラフやイラスト、写真なども用意しましょう。

見出し

記事

グラフやイラスト、写真など

〈4年〉

伝統工芸のよさを伝えよう　八時間計画

中心となる語や文を見つけて要約し、調べたことを書こう

準備物
特に無し

指導計画

第一時　教科書を音読し、学習計画を立てる。
第二時　視写をして、文章の書き方を知る。
第三、四時　調べたい伝統工芸を決める。
　選んだ伝統工芸について詳しく調べる。
第五時　文章の組み立てを考える。
第六、七時　文章を書く。文章を読み直す。
　表紙と裏表紙をつくる。
第八時　リーフレットを読み合う。

各時間の指導略案（主な指示・発問・説明）

第一時

(1)「和紙以外の伝統工芸にはどんなものがありますか。」
(2)教科書を音読し、学習計画を立てる。

第二時

(1)教科書の例文を読む。
(2)「調べたことが伝わるよう、どんな文章の工夫がありますか。」
(3)「教科書の例文を視写して、文章の書き方を身に付けます。」
(4)シートを配付し、例文を視写させる。

第三、四時

(1)シートを配付する。
(2)「身近な地域にどんな伝統工芸があるのか調べなさい。」
(3)「詳しく調べる伝統工芸を一つ決めなさい。」
(4)「調べたことを書き出しなさい。」

第六、七時

(1)「前回書いたことをもとに、リーフレットの二、三ページを書きなさい。」
(2)「書き終わったら、字の間違いなどがないか見直しをしなさい。」
(3)続けて表紙、裏表紙を作らせる。

【構成図作成時のポイント】

初め	中	終わり
調べた伝統工芸について主に次のことを書かせます。 ・どこの伝統工芸なのか ・どんな伝統工芸なのか ・伝統工芸の特徴	調べた伝統工芸の魅力を書かせます。シートでは調べた後に、三つに分類させていますが、文章を書かせるときは教科書の例文の通り、二つの魅力を紹介をさせます。「三つに分類した人は、その中でも伝えたいことを二つ選びましょう。」と声掛けをします。実際に文章にするときは、それぞれの書き出しは、例文通り「その一つは～」「また～」で統一すると迷いなく書くことができます。	まとめを書かせます。文章では、教科書の例文通り「このように、～は、とても魅力のある～なのです。」と書かせてよいです。また、参考文献も書きますが、多くの児童がインターネットで調べることになると思います。サイト名が明確ならばそのまま書けますが、不明確な場合もあると思います。その時は、「インターネットサイトより」と書かせましょう。

【学習のポイント】

地域の伝統工芸については「都道府県名　伝統工芸」で検索すると比較的容易に調べることができます。また「都道府県　伝統工芸」で検索すると、経済産業省が指定している「伝統工芸品指定品目一覧」を見ることができます。児童が調べる前に、サイトを見ておくとよいです。また「江戸切子　作り方」などで検索すると、様々な動画を見ることができます。動画を見ながら魅力を考えさせましょう。イヤホンを持たせておくとよいです。

伝統工芸のよさを伝えよう

（　　）組　名前（　　　　　　）

教科書の例文を視写して、調べたことを説明する文章の書き方を覚えましょう。うすい文字はなぞりましょう。

博多おり―使いやすさと美しさ

①**初め**　紹介する伝統工芸の説明

②**中**　調べたこと

③**終わり**　まとめ

④**参考**　参考にした本や資料、インターネットのサイトなど

☆書き終わったら、小さな声でくり返し読み、書き方を覚えましょう。

ふりかえり

調べたことを説明する文章の書き方が分かりました。	
字をていねいに書くことができました。	

よくできた◎　できた○　もうすこし△

伝統工芸のよさを伝えよう

（　　）組　名前（　　　　　　）

身近な伝統工芸について調べましょう。

身近な伝統工芸を調べ、みりょくを伝える文章を書きます。

(1) インターネットを使って、身近な伝統工芸にはどのようなものがあるのか調べ、かじょう書きしましょう。

「東京都　伝統工芸」のように、まず「都道府県　伝統工芸」で調べましょう。

(2) (1)で書いたものの中で、くわしく調べるものを一つ選びましょう。また、選んだ理由を書きましょう。

調べるもの

選んだ理由

(3) パソコンやタブレットを使って、(2)で書いたものについてくわしく調べましょう。調べたことは〈例〉のように、ふせんに書き出したり、パソコンやタブレットを使って書き出したりしましょう。

〈例〉ふせんに書き出した場合

光の当たる角度によって、さまざまにかがやく。

200年近いれきしがある。

ガラスのカットは、すべて職人の手作業。

ガラスのカットには、矢来（やらい）などさまざまなデザインがある。

青や赤などさまざまな色でデザインされている。

高級品から、手軽に使えるものまでいろいろある。

〈例〉パソコンを使って書き出した場合

〈例〉は東京都の伝統工芸「江戸切子（きりこ）」について調べたものです。みりょくを伝える文章を書くことが目的なので「江戸切子」のみりょくを調べてみましょう。

伝統工芸のよさを伝えよう

（　　）組　名前（　　　　　　）

伝統工芸のみりょくを伝える文章の組み立てを考えましょう。

(1) 前回のシートで調べたことを、(例)のように分類しましょう。

(例)

デザインの多さ
赤や青など、さまざまな色でデザインされている。
ガラスのカットには、矢来などさまざまなデザインがある。

・れきし
・使いやすさ
・美しさ
・素材の良さ
などに分類できますね。

(2) 文章の組み立てを考えて、書きましょう。

初め	調べた伝統工芸の説明
中	みりょく①（　　　　）について みりょく②（　　　　）について
終わり	まとめ
参考	参考

伝統工芸のよさを伝えよう

（　　）組　名前（　　　　　　　　）

伝統工芸のみりょくを伝える文章の組み立てを考えましょう。

(1) 前回のシートで調べたことを、（例）のように分類しましょう。

（例）

デザインの多さ
赤や青など、さまざまな色でデザインされている。 ガラスのカットには、矢来などさまざまなデザインがある。

・れきし
・使いやすさ
・美しさ
・素材の良さ
などに分類できますね。

(2) 文章の組み立てを考えて、書きましょう。

初め

調べた伝統工芸の説明

中

みりょく①（　　　　　　）について

みりょく②（　　　　　　）について

終わり・参考

まとめ

参考

伝統工芸のよさを伝えよう

（　　）組　名前（　　　　　　　　）

調べたことを説明する文章を書きましょう。

考えた組み立てにそって、説明する文章を書きましょう。

〈4年〉

感動を言葉に

心の動きを言葉にして、詩を書こう

指導計画

第一時　教科書を音読し、学習計画を立てる。
第二時　詩の組み立てを考える。
第三時　表現の工夫について考える。
第四時　詩に書きたいことを決める。
第五時　言葉を選んで詩を書く。
第六時　詩を読み合い、感想を伝え合う。
　　　　学習を振り返る。

各時間の指導略案（主な指示・発問・説明）

第一時

(1)「これまで、詩を読んだり書いたりした経験を教えてください。」
(2) 教科書を音読し、学習計画を立てる。
(3) 詩を読む。

第二時

(1) シートを配付する。
(2)「まど・みちおさんと谷川俊太郎さんの詩を視写しなさい。」
(3)「どんな工夫があるか考えなさい。」
(4)「詩集を見たり、インターネットで検索したりして、気に入った詩を書き写しなさい。」
(5)「選んだ詩の工夫を考えなさい。」

第三時

(1) シートを配付する。
(2)「詩でよく使われる表現です。比喩、リフレイン、様子を表す言葉について学習しましょう。」
(3) シートに書かれた順で学習を進める。

第四時

(1) シートを配付する。
(2)「最近、心を動かされたことは何ですか。」
(3)「詩に表現する題材を決めなさい。」
(4)「どのような詩にしたいのか、考えなさい。」
(5)「心を動かされたときのことを、言葉や短い文でたくさん書き出しなさい。」

第五時

(1)「言葉と言葉を組み合わせたり、順序を入れ替えたりして、詩を書きなさい。文の量によって、枠は選びなさい。」

六時間計画

準備物
詩集

【詩を書くポイント】

本単元は「感動を言葉に」なので、自分の感情を表現する詩を書きます。しかし、「感動」を強調するのではなく、教科書に題材の例として挙げられている「考えたこと」「見たこと」「くやしかったこと」などの経験から心を動かされたことについて詩で表現します。

詩を書く際は、最初から形を整えて書こうとするのではなく、まずはテーマに沿った言葉や短い文を書き出すことが大切です。例えば、旅行に行って楽しかった時のことを詩に表現するとします。

・海　・家族　・思い出　・お土産
・貝殻　・笑顔　・ずっと忘れない

このように書き出します。次に、書き出した言葉を組み合わせたり、詳しく書いたりしていきます。

・青い、青い海　・家族の思い出が増えた
・きれいな貝殻を見つけた

これらの言葉や文を組み合わせていくと詩になります。言葉を書き出すシートが三枚目にあるので、活用してください。

【学習のポイント】

学習を始めるにあたり、多くの詩にふれさせることが大切になります。図書室に人数分の詩集があれば、教室に置いておきます。また、図書の時間に「今度詩を書く勉強をするので、今日の図書の時間の最初の二十分間は、全員詩集を読みましょう。」などと声掛けをします。大切なのは、「時間があるときに、詩を読んでおいてね。」と子ども任せにするのではなく、詩を読む時間を確保することです。

全員が詩を作ることができたら、コンピュータを使い、スライドを作らせる活動もよいです。自作の詩と、それにかかわるイラストや写真をつけると、一つの作品が完成します。印刷して、クラスの詩集にすることもできます。

【評価文例】

国語「感動を言葉に」で、旅行したことを詩に書きました。くり返しの表現を使い、作品を作ることができました。

感動を言葉に

（　　）組　名前（　　　　　　）

詩を視写して、どんな工夫があるのか、考えましょう。

(1) 教科書に書かれている詩を視写しましょう。また、どんな工夫があるのか、考えましょう。

1 視写しましょう。

ニンジン

およぐ

2 工夫を考え、かじょう書きしましょう。

(2) 本やインターネットからさがして、気に入った詩を書きましょう。

1 視写しましょう。

2 工夫を考え、かじょう書きしましょう。

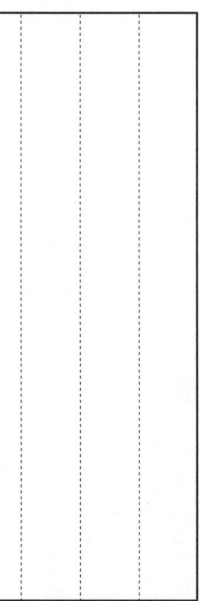

詩の工夫を考える時は、
・表現の工夫（言葉のくり返し、体言止め、比喩など）・題材の選び方の工夫
・改行の仕方の工夫　・連の分け方の工夫　などを考えてみましょう。

感動を言葉に

（　　）組　名前（　　　　　　）

表現（げん）の工夫について考えましょう。

イラストを参考にして、表現を工夫し、文を書きましょう。うすい文字はなぞりましょう。

1 あるものを、他のものにたとえる。（比喩（ひゆ））

（例）まるで天使のような笑顔。　・空が泣いている。

比喩を使って、文を作りましょう。

2 同じ言葉や文をくり返して、調子を整える。（リフレイン）

（例）春は、あたたかい。　友達と話すことが、わたしは楽しい。
春は、新しい。　時間がたつのをわすれてしまう。
春は、楽しい。　家族とすごすことが、わたしは楽しい。
春は、わくわく。　リラックスしてすごす時間がすき。

「夏」をテーマにして、リフレインの入った文章を考えてみるのもよいですね。

リフレインを使って、文章を作りましょう。

3 様子を表す言葉を使う。

（例）・きれいな花・ふわふわなわたあめ・ぎらぎらてりつける太陽

様子を表す言葉を使って、文を作りましょう。

感動を言葉に

（　　）組　名前（　　　　　　　　）

詩に書きたいことを決めましょう。

(1) 最近心を動かされたことをかじょう書きしましょう。

（例）①学芸会で、たくさんはく手をもらってうれしかった。
②水泳の習い事で、進級テストに合格できず、くやしかった。

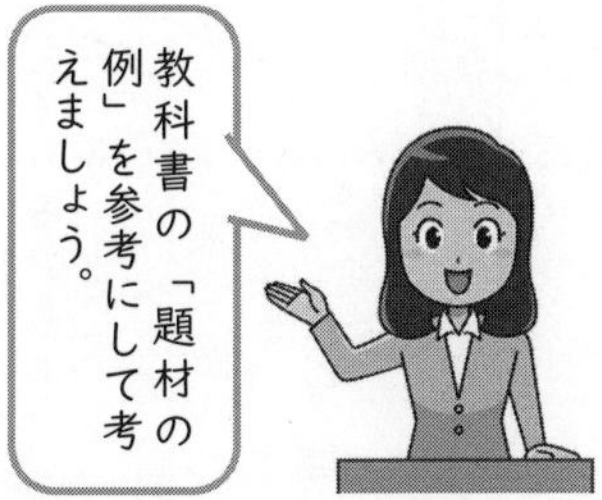
教科書の「題材の例」を参考にして考えましょう。

(2) (1)で書いた中から、詩に書きたいことを一つ選びましょう。

(3) (2)で書いたことについて、（例）を参考に、言葉や短い文で書きましょう。

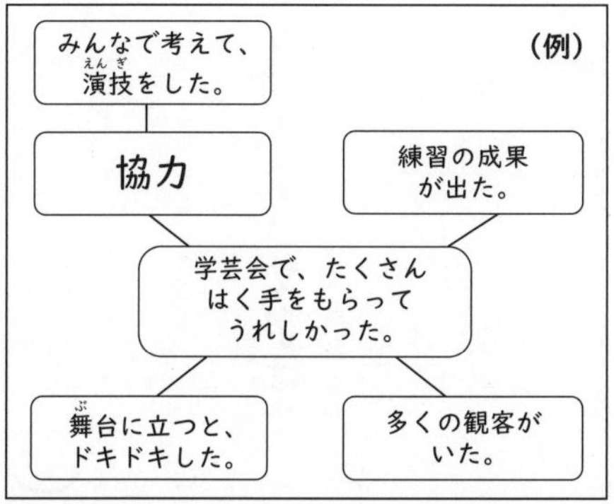
（例）
みんなで考えて、演技(えんぎ)をした。
協力
練習の成果が出た。
学芸会で、たくさんはく手をもらってうれしかった。
舞(ぶ)台に立つと、ドキドキした。
多くの観客がいた。

感動を言葉に

（　　）組　名前（　　　　　　　　）

詩を書きましょう。

文の量に合わせて、枠（わく）を選び、詩を書きましょう。

一行だけの詩もあれば、連を分けて書く詩もあります。自分はどのような詩にしたいか考えて、枠を選びましょう。

考えたことを書き、読み合おう

もしものときにそなえよう

七時間計画

準備物
自然災害の画像

【構成図作成時のポイント】

初め	中	終わり
自分の考えを端的に書かせます。一文でよいです。「意見」と「調べたこと」、「意見」と「例示」などを区別させて書かせるためです。	調べたことを書かせます。事前に仲間分けをさせておくとよいです。カードに書かせた場合、コンピュータを使って書かせた場合ともに、似ているもので分類させます。そのためにも、インターネットで検索させた場合は、箇条書きさせるのではなく、テキストボックスやデジタルの付箋を活用すると仲間分けがしやすくなります。また、中には二つの内容を書かせます。仲間分けさせた時の分類が二つ以上だったら、「伝えたいこと」が何か問いかけて、二つに絞らせます。	初めに書いたことをもう一度書かせます。なぜ同じ内容をもう一度終わりに書くのか、考えさせるとよいです。また出典も忘れずに書かせます。インターネットで検索させたとき「○○市防災ページ」など出典が明確ならよいのですが、そうではないページがほとんどです。その際は、「インターネットより」と書かせましょう。

【学習のポイント】

「自然災害にどう備えるのか」という学習のテーマから外れないことが大切です。調べ学習をしているとテーマと外れたことを調べる児童がいます。(例) 地震に備えるがテーマなのに、世界で起きている地震の回数などをずっと調べている。

もちろん、調べ学習を進める中で、テーマとずれる情報も入ってきますが、「自然災害に備える」という学習のテーマを繰り返し伝えましょう。最後のシートには点線が入っています。切り取って、クラスの防災ブックを作ってもよいです。

指導計画

第一時　教科書を音読し、学習計画を立てる。
第二時　視写をして、文章の書き方を知る。
第三、四時　テーマを決めて、調べる。調べたことを整理する。
第五時　文章の組み立てを考える。
第六時　文章を書く。文章を読み直す。
第七時　文章を読み合い、感想を伝え合う。

各時間の指導略案（主な指示・発問・説明）

第一時

(1)「自然災害はどのようなものがありますか。」
(2)「それぞれの災害に対して、どのような備えをしているでしょうか。」
(3) 教科書を音読し、学習計画を立てる。

第二時

(1) 教科書の例文を読む。
(2)「自分の考えが伝わるよう、どんな文章の工夫がありますか。」
(3)「教科書の例文を視写して、文章の書き方を身に付けます。」（二枚のシート、どちらか選択）
(4) シートを配付し、例文を視写させる。

第三、四時

(1) シートを配付する。
(2)「自然災害にはどのようなものがありますか。」
(3)「その他、どんな自然災害があるのかインターネットで調べなさい。」
(4)「調べるテーマを決めなさい。」
(5)「調べたことを（カード／コンピュータ）を使って、書き出しなさい。」

第五時

(1) シートを、紙もしくはデータで配付する。
(2)「自分の考えを伝える文章の組み立てを考えて、書きなさい。」

もしものときにそなえよう

（　　）組　名前（　　　　）

教科書の例文を視写して、考えを伝える文章の書き方を覚えましょう。

北山さんの文章（理由を挙げて説明している）

①初め　自分の考えを書く。

②中　理由や説明を、内容のまとまりごとに、くわしく書く。

③終わり　自分の考えをもう一度書く。

④出典　引用したり、参考にしたりした本などを書く。

☆書き終わったら、小さな声でくり返し読み、書き方を覚えましょう。

ふりかえり

考えを伝える文章の書き方が分かりました。	
字をていねいに書くことができました。	

よくできた◎　できた○　もうすこし△

もしものときにそなえよう

（　）組　名前（　　　　）

教科書の例文を視写（ししゃ）して、考えを伝える文章の書き方を覚えましょう。

木村さんの文章（例を挙げて説明している）

①初め 自分の考えを書く。

②中 理由や説明を、内容のまとまりごとに、くわしく書く。

③終わり 自分の考えをもう一度書く。

④出典 引用したり、参考にしたりした本などを書く。

☆書き終わったら、小さな声でくり返し読み、書き方を覚えましょう。

ふりかえり

考えを伝える文章の書き方が分かりました。	
字をていねいに書くことができました。	

よくできた◎　できた○　もうすこし△

もしものときにそなえよう

（　　）組　名前（　　　　）

テーマを決めて、調べましょう。

(1) 自然災害にはどのようなものがあるのか考えましょう。

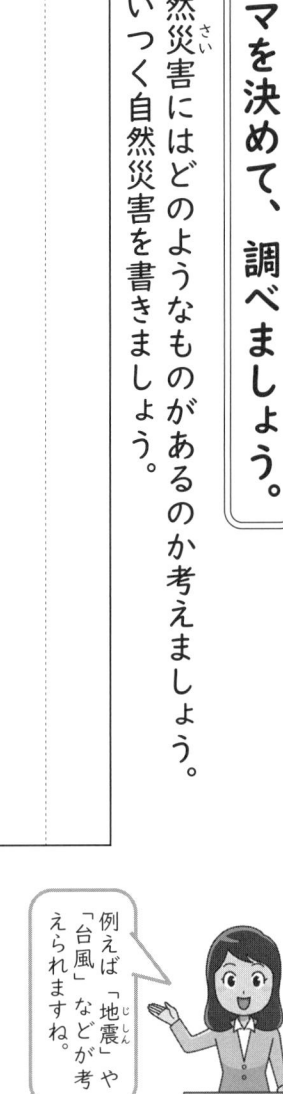

1 思いつく自然災害を書きましょう。

例えば「台風」や「地震」などが考えられますね。

2 ほかにどんな自然災害があるのか、インターネットで調べて書きましょう。

(2) (1)で書いたものの中で、くわしく調べてみたいテーマを一つ選びましょう。
また、選んだ理由を書きましょう。

調べるテーマ

選んだ理由

(3) 選んだテーマについてくわしく知りたいことを書きましょう。

(4) 調べたことをカードやコンピュータを使って書き出しましょう。

（例）カードに書き出した場合

食料は２週間分ぐらい準備しておく。
「上山市　災害対策ガイドブック」

ふとんやベッドの横にくつを準備しておくとすぐにひなんできる。
保坂雅幸「災害にそなえて」海川出版
2021年

電池が使えるけいたい電話のじゅう電器があると役に立つ。
インターネットより

季節によって必要な物が変わるので、衣替えの時に、ぼうさい用品も整理することが必要。
インターネットより

（例）コンピュータを使って書き出した場合

準備しておくもの
食料は2週間分ぐらい準備しておく。
「上山市　災害対策ガイドブック」
ふとんやベッドの横にくつを準備しておくと、ひなんできる。
保坂雅幸「災害にそなえて」
海川出版　２０２１年
電池が使えるけいたい電話のじゅう電器があると役立つ。インターネットより
季節によって必要な物が変わるので、衣替えの時に、ぼうさい用品も整理することが必要。
インターネットより

例えば「地震」をテーマに選んだなら「地震にそなえて準備しておく物をくわしく調べる」などが考えられます。「災害にどうやってそなえておくのか」という学習課題からはなれないように、気を付けましょう。

もしものときにそなえよう

（　）組　名前（　　　　　）

自分の考えを伝える文章の組み立てを考えましょう。

文章の組み立てを考えて、書きましょう。

初め	中（理由や説明）		終わり
自分の考え	①（　　）	②（　　）	自分の考え 出典

もしものときにそなえよう

（　　）組　名前（　　　　　　）

自分の考えを伝える文章の組み立てを考えましょう。

文章の組み立てを考えて、書きましょう。

初め	中（理由や説明）	終わり
自分の考え	①（　　）	自分の考え
	②（　　）	出典

もしものときにそなえよう

（　　）組　名前（　　　　　　　　）

考えを伝える文章を書きましょう。

考えた組み立てにそって、考えを伝える文章を書きましょう。

日常を十七音で

言葉をよりすぐって俳句を作ろう

五時間計画

準備物
特に無し

指導計画

第一時　教科書を音読し、学習計画を立てる。
第二時　視写をして、俳句の書き方を知る。
第三時　俳句の材料を集め、メモを書く。
第四時　俳句を作る。
第五時　俳句を読み合い、感想を伝え合う。

各時間の指導略案（主な指示・発問・説明）

第一時

(1)「『日常を十七音で』では、季節を表す言葉を入れながら、日常生活のことを俳句に表します。」
(2) 教科書を読み、学習計画を立てる。

第二時

(1) 教科書の例文を音読する。
(2)「教科書の俳句では、どんな季語が使われていますか。また、どんな表現の工夫がありますか。」
(3)「俳句を視写して、書き方を身に付けなさい。」
(4) シートを配付し、視写させる。

第三時

(1) シートを、紙またはデータで配付する。
(2)「教科書の例を参考に、日常の出来事を短く書きなさい。」
(3)「俳句に表現することを決めなさい。」
(4)「メモを書きなさい。」
(5)「季節を表す『季語』を本やインターネットで調べなさい。」

第四時

(1) シートを配付する。
(2)「前回のシートをもとに、五・七・五の構成を考えて俳句を作りなさい。」

第五時

(1)「俳句を読み合って、感想を伝え合いなさい。」（感想は付箋に書かせ、貼らせてもよい）

【俳句作成時のポイント】

テーマ	メモ	季語
日常生活の場面を取り上げます。どのようなことを俳句のテーマに取り上げるか、教科書の例を参考に考えさせます。授業の数日前から、俳句のテーマ集めをさせておくとよいです。	「いつ・どこで・誰が・何を・どのように」の観点を与え、何を書いたらよいのかを示します。	季語は感覚的に理解できる児童も多いですが、単調になりがちです。季語を調べさせたり提示したりすることで、語彙を増やせるようにします。

【学習のポイント】

「何について俳句を作らせるか」題材選びがポイントです。日常の出来事について例示し、グループや全体で会話させることで題材を考えさせます。

季語については、インターネットを使って調べさせるとよいでしょう。季節ごとの季語一覧を提示したり配付したりすることで支援します。

俳句づくりが難しい児童には、五・七・五の一部を抜いた穴埋め式にすることで、負担なく書けるようにします。

【評価文例】

①国語「日常を十七音で」の学習で、俳句づくりをしました。運動会での思い出を五・七・五で表現することができました。
②国語「日常を十七音で」の学習で、俳句づくりをしました。春の季語をいくつも使い、春の俳句を次々と作ることができました。

日常を十七音で

（　　）組　名前（　　　　　　　）

教科書の俳句を視写して、五・七・五の十七音の表現の仕方を知りましょう。

にじの橋
梅雨のしずくの
すべり台

次は勝つ
ボールをけって
夏の空

ふりかえり

俳句の書き方が分かりました。	
字をていねいに書くことができました。	

よくできた◎　できた○　もうすこし△

日常を十七音で

（　　）組　名前（　　　　）

俳句に表現することを決めて、メモを書きましょう。

(1) 生活の中で、気づいたことやおどろいたことなどをか条書きしましょう。

（例）雨の中で、あじさいがきれいにさいていた。

(2) 俳句に表現することを書きましょう。

(3) (2)で書いたことについて、メモを書きましょう。

いつ	
どこで	
だれと	
何を	
どのように	
感じたこと 考えたこと	

(4) 俳句の季語を集めましょう。

日常を十七音で

（　　）組　名前（　　　　）

俳句に表現することを決めて、メモを書きましょう。

(1) 生活の中で、気づいたことやおどろいたことなどを書きましょう。

(2) 俳句に表現することを書きましょう。

(3) (2)で書いたことについて、メモを書きましょう。

いつ	
どこで	
だれと	
何を	
どのように	
感じたこと 考えたこと	

(4) 俳句の季語を集めましょう。

日常を十七音で

（　　）組　名前（　　　　　　）

俳句を作りましょう。

(1) 俳句で表現するときの工夫を教科書から調べて、か条書きしましょう。

（例）たとえや様子を表す言葉を使う。

(2) 俳句を作りましょう。

資料を用いた文章の効果を考え、それをいかして書こう

グラフや表を用いて書こう

六時間計画

準備物
統計資料

指導計画

第一時　教科書を音読し、学習計画を立てる。
　　　　題材に対する、自分の考えをもつ。
第二時　視写をして、文章の書き方を知る。
第三時　統計資料を調べる。
第四時　統計資料を分析し、文章構成を考える。
第五時　論説文を書く。
第六時　文章を読み合い、感想を伝え合う。

各時間の指導略案（主な指示・発問・説明）

第一時

(1)教科書を音読し、学習計画を立てる。
(2)「グラフや表などの統計資料を使い、意見文を書く学習をします。」

第二時

(1)教科書の例文を読む。
(2)「自分の考えを読み手に伝えるための文章の工夫を考えなさい。」
(3)「教科書の例文を視写して、意見文の書き方を身に付けます。」
(4)シートを配付し、例文を視写させる。

第三時

(1)シートを、紙またはデータで配付する。
(2)統計資料を探す。調べ学習をする。

第四時

(1)「統計資料から読み取れることと、自分の考えを書きなさい。」
(2)「文章の構成を考えて、書きなさい。」

第五時

(1)論説文を書かせる。
(2)「書き終わった人同士で読み合い、意見をもらいなさい。」

第六時

(1)「グループで作文を読み合いなさい。感想は付箋に書いて貼りなさい。」

【構成図作成時のポイント】

初め	中	終わり
自分の考えを書かせます。考えの根拠となる理由も書かせましょう。「初め」では、グラフから読み取ったことにはふれさせず、「中」で書かせます。	統計資料から読み取れることを書かせます。数値を引用し、そこからどのようなことが分かるのかを書かせます。統計資料全体から分かる変化の傾向を大まかに捉えさせたあと、項目ごとに細かく読み取らせます。	中で述べた理由と根拠をもとに、自分の考えを再度書かせます。資料から読み取ったことと自分の考えに整合性があるか確かめさせます。

【学習のポイント】

教科書の「ごみの総排出量の推移」という例示を通して、統計資料の読み取り方を確認します。統計資料はインターネットで最新のものを扱うようにします。教科書には四つの統計資料が挙げられているので、その中から一つ選ばせるのもよいでしょう。同じ資料を選んだ人同士で、交流しながら意見文を書くこともできます。

【評価文例】

①国語「グラフや表を用いて書こう」では、統計資料を引用して論説文を書きました。資料の数値の変化に着目して、自分の主張を論理立てて書くことができました。
②国語「グラフや表を用いて書こう」では、統計資料を引用して論説文を書きました。二つのグラフを比較して、共通したところと違うところを挙げて論説文を書くことができました。

グラフや表を用いて書こう（　）

（　）組　名前（　　　）

教科書の例文を視写(ししゃ)して、意見文の書き方を覚えましょう。

教科書の例文を視写しましょう。

①自分の考え

②グラフや表の説明と、それをもとに考えたこと

教科書のグラフを貼ってください。

③まとめ

ふりかえり

意見文の書き方が分かりました。	
字をていねいに書くことができました。	

よくできた◎　できた○　もうすこし△

グラフや表を用いて書こう

（　　）組　名前（　　　　　　）

統計資料を決め、文章の構成を考えましょう。

(1) わたしたちの社会は、くらしやすい方向へ向かっているでしょうか。どちらかに○を付けましょう。

向かっている／向かっていない

(2) 自分の考えをうらづける統計資料を選んではりましょう。また、資料について考えましょう。

統計資料をはりましょう。

資料から分かる事実と、そこから考えられること。

(3) 文章の構成を考えましょう。

初め	中	終わり
自分の考え	グラフや表の説明と、それをもとに考えたこと	まとめ

グラフや表を用いて書こう

（　　）組　名前（　　　　）

統計資料を決め、文章の構成を考えましょう。

(1) わたしたちの社会は、くらしやすい方向へ向かっているでしょうか。どちらかに○を付けましょう。

向かっている／向かっていない

(2) 自分の考えをうらづける統計資料を選んではりましょう。
また、資料について考えましょう。

統計資料をはりましょう。

資料から分かる事実と、そこから考えられること。

(3) 文章の構成を考えましょう。

初め	自分の考え
中	グラフや表の説明と、それをもとに考えたこと
終わり	まとめ

グラフや表を用いて書こう

（　　）組　名前（　　　　　　）

グラフや表を用いて、自分の考えを書きましょう。

〈５年〉

五時間計画

準備物
新聞の投書

あなたは、どう考える

読み手が納得する意見文を書こう

【構成図作成時のポイント】

初め	中	終わり
題材に対する自分の主張を書かせます。一文で書かせます。	主張を支える理由と根拠を書かせます。二、三個の理由を挙げさせ、それに対する根拠を書きます。また想定される反論については、数人で話し合うことで、具体的な反論をイメージさせます。	自分の主張を再度書かせます。中で述べた理由と根拠をもとに、一言でまとめます。例文通り「〜という点から（理由）、〜がよい（主張）」という文で書かせましょう。理由と主張に整合性があるか確かめます。

指導計画

第一時　教科書を音読し、学習計画を立てる。題材に対する、自分の考えをもつ。
第二時　視写をして、文章の書き方を知る。
第三時　題材を決め、自分の考えをもつ。
第四時　意見文を書く。
第五時　文章を読み合い、感想を伝え合う。

各時間の指導略案（主な指示・発問・説明）

第一時

(1) 教科書を音読し、学習計画を立てる。
(2) 「『名前でよんでほしい』という意見に賛成ですか、反対ですか。話し合いましょう。」
(3) シートを配付し、意見を書かせる。

第二時

(1) 教科書の例文を読む。
(2) 「読み手を納得させるための、文章の工夫を考えなさい。」
(3) 「教科書の例文を視写して、文章の書き方を身に付けます。」
(4) シートを配付し、例文を視写させる。

第三時

(1) シートを紙、またはデータで配付する。
(2) 「題材を決めなさい。」
(3) 「題材に対する主張や理由などを考えて、書きなさい。」

第四時

(1) 意見文を書かせる。
(2) 「書き終わった人同士で読み合い、意見をもらいなさい。」

第五時

(1) 「グループで作文を読み合いなさい。感想は付箋に書いて貼りなさい。」

【学習のポイント】

教科書の「病院でのよび出しは名前がよい」という例を通して、主張に対する理由や根拠の考え方を指導します。その後個人で題材を決めさせて、意見文を書かせます。個人で題材を決めるのが難しい場合、全員、もしくはグループで同じ題材を設定するという方法もあります。共通の題材にすることで、交流しながら意見文を書くことができます。

【評価文例】

①国語「あなたは、どう考える」で、題材に対する意見文を書きました。「電車やバスの優先席は必要か」というテーマに対して自分の経験をもとに、理由と根拠を挙げて意見文を書くことができました。
②国語「あなたは、どう考える」では、予想される反論をいくつも考えて、説得力のある意見文を書くことができました。

あなたは、どう考える

（　）組　名前（　　　　）

題材に対する、自分の考えを書きましょう。

(1) 教科書に書かれている投書に対する、自分の立場を決めましょう。

賛成・反対

(2) 理由と根拠（きょ）を書きましょう。

理由①	根拠	理由②	根拠

あなたは、どう考える

（　　）組　名前（　　　　　　）

教科書の例文を視写(ししゃ)して、意見文の書き方を覚えましょう。

①主張

②理由と根拠(きょ)

③予想される反論(ろん)・それに対する考え

④まとめ・主張

☆書き終わったら、小さな声でくり返し読み、書き方を覚えましょう。

ふりかえり

意見文の書き方が分かりました。	
字をていねいに書くことができました。	

よくできた◎　できた○　もうすこし△

あなたは、どう考える

（　）組　名前（　　　　）

題材に対する、自分の考えを書きましょう。

(1) 題材を決めましょう。

(2) 題材に対する、主張と理由・根拠を書きましょう。

初め	中		終わり
自分の主張	主張を支える理由と根拠	予想される反論と、それに対する考え	まとめ 自分の主張

あなたは、どう考える

（　）組　名前（　　　）

題材に対する、自分の考えを書きましょう。

(1) 題材を決めましょう。

(2) 題材に対する、主張と理由・根拠（きょ）を書きましょう。

自分の主張	
主張を支える理由と根拠	
予想される反論（ろん）と、それに対する考え	
まとめ 自分の主張	

あなたは、どう考える

意見文を書きましょう。

（　）組　名前（　　　　　　　　）

〈5年〉

相手や目的を明確にして、すいせんする文章を書こう

この本、おすすめします

六時間計画

準備物
推薦する本

指導計画

第一時　教科書を音読し、学習計画を立てる。
第二時　視写をして、文章の書き方を知る。
第三時　文章の組み立てを考える。
第四時　下書きをして、読み合う。
第五時　清書をする。
第六時　文章を読み合い、感想を伝え合う。

各時間の指導略案（主な指示・発問・説明）

第一時

(1)「これまでに読んだ本の中で、どんな本が心に残っていますか。」
(2)「下級生に推薦したい本を考えましょう。」
(3)教科書を音読し、学習計画を立てる。

第二時

(1)教科書の例文を読む。
(2)「推薦する文章の書き方の工夫を考えなさい。」
(3)シートを配付する。
(4)「教科書の例文を視写して、文章の書き方を身に付けます。」
(5)シートを配付し、例文を視写させる。

第三時

(1)シートを、紙またはデータで配付する。
(2)「本を推薦する文章の組み立てを考えて書きなさい。」

第四時

(1)「構成図をもとに、下書きを書きなさい。」
(2)「書き終わった人から読み合い、意見をもらいなさい。」

第五時

(1)清書を書かせる。
「もらった意見をもとに、清書を書きなさい。」

第六時

(1)「グループで作文を読み合いなさい。感想は付箋に書いて貼りなさい。」

【構成図作成時のポイント】

初め	中	終わり
推薦する本と相手を書かせます。本を選べない子がいる場合は、学習のポイントに書いてあるように、これまで教科書で扱った文章や本を推薦させるとよいです。推薦する相手は、下級生の他にも、友達や教師などが考えられます。	本の内容を書かせます。どんな内容なのかを箇条書きで二・三文書くように指示します。ペアになり、口頭で紹介させると書きやすくなります。	本を推薦する理由を書かせます。内容と同様に、理由の数を指定することで考えやすくなります。

【学習のポイント】

題材となる本は図書の時間を使い、読書した本の中から選ばせるとよいです。本を選ぶことが難しければ、教科書にある物語文や説明文を推薦することも考えられます。

また、推薦する理由を考えさせる際には、「本の工夫」「おもしろいところ」「読むことで分かること」「対象とする相手に合っているところ」など、観点を示すことが大切です。いくつか観点を示し、児童が選択して書けるようにしましょう。

【評価文例】

①国語「この本、おすすめします」で、本を紹介する推薦文を書きました。下級生がどんな本なら興味をもってくれるかを考え、文章を書くことができました。
②国語「この本、おすすめします」では、「読むことで地球環境について詳しくなります。」などの理由を三つ挙げて、推薦文を書くことができました。

この本、おすすめします　（　）組　名前（　　　　　　）

教科書の例文を視写（ししゃ）して、すいせんする文章の書き方を覚えましょう。

①見出し

②本の情報

③本のしょうかい

④すいせんする理由

④すいせんする理由

⑤よびかけ

ふりかえり

すいせんする文章の書き方が分かりました。	
字をていねいに書くことができました。	

よくできた◎　できた○　もうすこし△

この本、おすすめします

（　　）組　名前（　　　　）

すいせんする本を選び、構成を考えましょう。

どんな人に、どんな本をすいせんしたいですか。本の内容や、その本をすすめる理由を書きましょう。

相手	
すいせんする本	
本の内容	
理由（本のよいところや、相手にぴったりなところ、など。）	

この本、おすすめします

（　　）組　名前（　　　　　　）

すいせんする本を選び、構成を考えましょう。

どんな人に、どんな本をすいせんしたいですか。本の内容や、その本をすすめる理由を書きましょう。

相手	
すいせんする本	
本の内容	
理由 （本のよいところや、相手にぴったりなところ、など。）	

この本、おすすめします　（　）組　名前（　　　　　　　　）

下書きを書いて、友達から意見をもらいましょう。

この本、おすすめします　（　）組　名前（　　　　　　　　）

清書をしましょう。

〈6年〉

たのしみは

言葉を選んで、短歌をつくろう

三時間計画

準備物
好きなものの写真やイラストなど
付箋紙

指導計画

第一時　学習計画を立てる。視写をして、短歌の構成を知る。自分の中の「たのしみ」を想起し、言葉に書き出す。
第二時　言葉を選び、表現を工夫して短歌をつくる。
第三時　たのしみ以外で短歌をつくる。互いの短歌を読み合い、感想を伝え合う。

各時間の指導略案（主な指示・発問・説明）

第一時

(1)「みなさんが、『たのしみ』と感じるのはどんなときですか。」
(2) 教科書を音読し、学習計画を立てる。
(3) シートを配付する。
(4)「教科書の短歌を視写し、構成とリズムを理解しましょう。」
(5)「自分のたのしみを、箇条書きしなさい。」
(6)「自分のたのしみの中から、一つ選んで詳しく書きなさい。」
（第三時で写真を貼らせる場合は、あらかじめ家で写真を撮ってくる課題を出しておくとよい。）

第二時

(1) シートを配付する。
(2)「言葉の選び方や並べ方を意識して、短歌をつくりましょう。」
(3)「短歌が完成したら、どこを特に工夫したのかワークシートに書きなさい。」
(4)「ワークシートにていねいに清書をしなさい。」

第三時

(1) シートを配付する。
(2)「自分のかなしみを、箇条書きしなさい。」
(3)「かなしみを感じるときを表す短歌をつくりなさい。」
(4)「『たのしみは』を別の言葉に変えて短歌をつくり、ていねいに作品を仕上げなさい。」
(5)「グループで読み合い、感想を伝え合いなさい。」
（感想は付箋に書かせ、貼らせてもよい。）
※作品は回収後に重ねて切り取り線で裁断すれば、教室掲示に活用できる。

【短歌作成時のポイント】

本単元では、「たのしみは」をテーマに、短歌をつくります。最初から短歌をつくらせるのではなく、自分のたのしみをいくつも考えさせることが大切です。ノートに書かせる以外にも、グーグルジャムボードに書かせ、意見交流をさせる方法もあります。日常の中のちょっとした「たのしみ」を考えさせるとよいでしょう。

【学習のポイント】

短歌や俳句をつくる活動では、自分の思いを表現できるようにすることだけでなく、音の数によるリズムの良さを感じ取らせることも重要です。子供たちが、五・七・五・七・七のリズムに親しむためには、十分な音読が必要になります。手拍子をしながら発声したり、五音と七音の単語を探したりする活動を適宜入れてあげることで、スムーズな創作活動ができるようになります。

また、データ上での学習をする場合は、写真やイラストも取り入れやすいため、絵が苦手な子も最後まで楽しく短歌づくりができます。

【評価文例】

①国語「たのしみは」では、音の数に注意して言葉を言い換えるなど、工夫して短歌をつくることができました。

②国語「たのしみは」では、ソファで本を読む場面を短歌にしました。「あついココア」という言葉を入れることで、気持ちの落ち着きを表現しようと工夫することができました。

③国語「たのしみは」では、教科書の例を参考に、「誰と」や「どこで」といった視点で短歌に入れる言葉を集めることができました。

( )組　名前（　　　）

たのしみは

教科書の歌を視写して、短歌の構成とリズムを理解し、自分の「たのしみ」を書きましょう。

(1) 教科書の一点目の短歌を視写しましょう。

たのしみは
妻
う
頭
物

（だれと　どのように）
（何をしながら）
（どのように）
（何を　どうする）

(2) 視写した短歌を手拍子（ひょうし）に合わせて音読し、五音と七音のリズムを確かめましょう。

(3) 自分の「たのしみ」をか条書きしましょう。

（例）映画を見ているとき

・
・
・
・

(4) (3)で書いた中から一つ選んで、くわしく書きましょう。

【いつ】
【どこで】
【だれと】
【何を】
【どのように】
【どうする】

たのしみは

（　　）組　名前（　　　　）

表現を工夫して、短歌を完成させましょう。

(1) 前回書き出した言葉を見ながら、言葉を言いかえたり、並べかえたりして、短歌をつくりましょう。

たのしみは

(2) 短歌をつくるときに、工夫したことを書きましょう。

(3) ていねいな字で作品を仕上げましょう。「たのしみ」が伝わる写真やイラストをのせてもよいです。

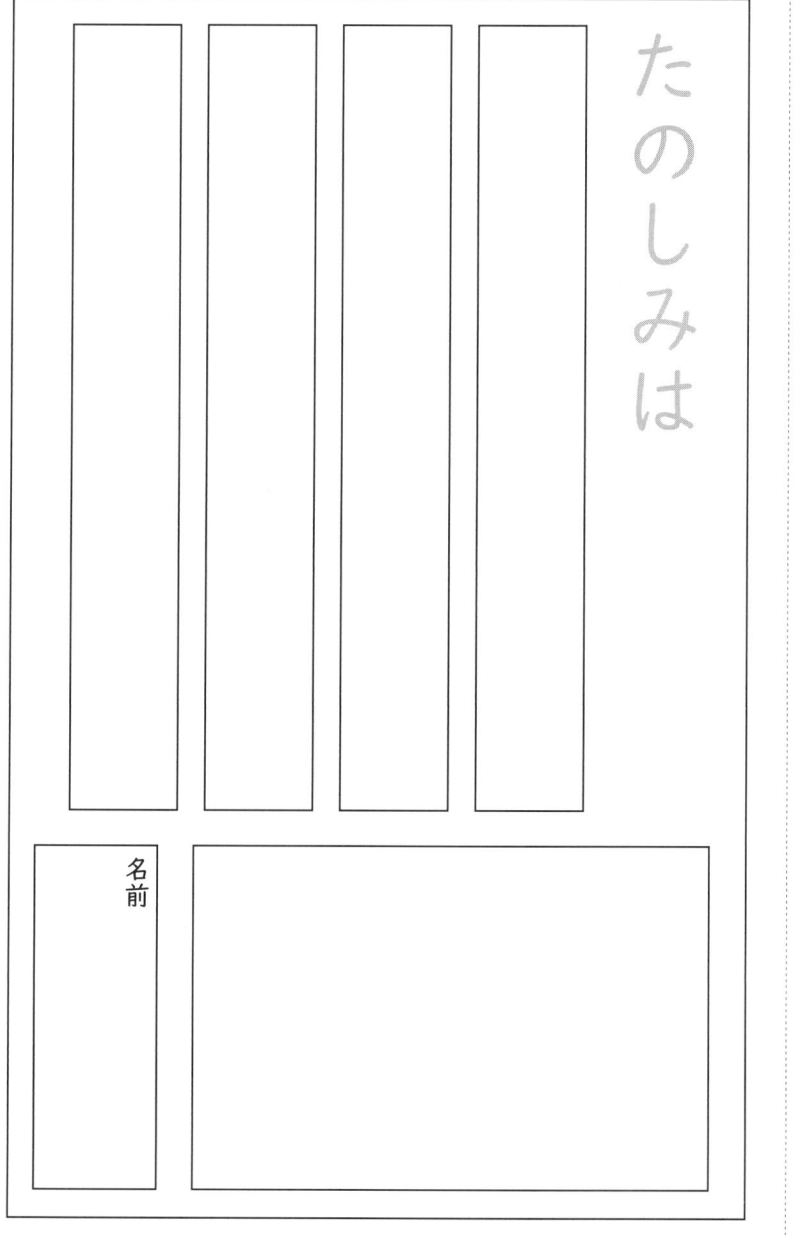

たのしみは

名前

たのしみは

（　　）組　名前（　　　　）

「たのしみは」を別の言葉に変えて、短歌をつくりましょう。

(1) かなしい場面を思い出して書きましょう。

・
・
・
・

(2) 「かなしみは」で始まる短歌をつくりましょう。

かなしみは

(3) 例を参考に、「たのしみは」を別の言葉に変えて短歌をつくってみましょう。

（例）かなしみは　よろこびは　こうふんは　しあわせは　やすらぎは　さびしさは

名前

具体的な事実や考えをもとに、提案する文章を書こう

私たちにできること　九（十）時間計画

準備物　環境問題などに関する新聞記事や図書

指導計画

第一時　教科書を音読し、学習計画を立てる。
第二時　視写をして、文章の書き方を知る。
第三時　グループで環境問題からテーマを決める。
第四時　テーマに関する事実を本や新聞で探す。
第五時　集めた事実と学校生活との関連を考える。
第六時　テーマに対する具体的な提案を話し合う。
第七時　役割分担をして、各自の担当部分を下書きする。
第八時　提案文を清書する。
第九時　提案文を発表し、感想を交流する。

各時間の指導略案（主な指示・発問・説明）

第一時
(1)「最近テレビや新聞で、資源や環境の大切さが訴えられています。私たちの学校生活の中では、どんなことができるでしょうか。」
(2) 教科書を音読し、学習計画を立てる。

第二時
(1) シートを配付する。
(2) 視写させる。

第三時
(1) 環境問題に関連した新聞記事や本、ネット記事を読ませる。
(2) グループでどのテーマについて提案するか話し合わせる。

第四時
(1) シートを紙、またはデータで配付する。
(2)「テーマに関する事実を調べて書きなさい。」
(3)「グループで集めた事実を見せ合い、特に印象的な事実を構成メモに書きなさい。」

第五時
(1) シートを紙、またはデータで配付する。
(2)「テーマについて、問題となっている事実と、日々の学校生活のつながりを話し合いなさい。」
(3)「これまでの学習内容を整理して構成メモを作りなさい。」

第六時
(1) シートを紙、またはデータで配付する。
(2)「テーマについて、学校生活の中で私たちにできることと、その効果を具体的に話し合い、シートに書きなさい。」
※第六時は必要に応じて二時間とってもよい。

第七時
(1) 下書きシートを紙、またはデータで配付する。
(2)「誰がどこを作るか決めて、提案文の下書きをしましょう。」
(3)「下書きをつなげて読み、内容が通るか確かめなさい。」

第八時
(1) 清書用紙を紙、またはデータで配付する。
(2)「下書きをもとに、提案文を清書しなさい。」

第九時
(1) 各グループの提案文を紙、またはデータで配付する。
(2) グループごとに前で発表し、感想を交流する。

【構成メモ作成時のポイント】

事実や現状、問題点などを構成メモに当てはめていく際、構成メモにある「〜によると〜ということを知った。」のような、枠同士をつなぐ言葉に注目させます。前後の情報の関係性（原因と結果など）に気付かせながら、構成メモを作らせましょう。

【学習のポイント】

本単元における提案文は非常に文量が多いです。そのため、作文をしていくと提案内容から外れたり、事実と現状と提案内容のつながりが感じられない文になったりしがちです。毎時間の冒頭に提案文全体の流れを確認した上で、本時で考える内容をつかませることが重要です。構成メモが完成した段階でも、「学校生活での現状は、本などで調べた事実とつながっていますか。」などと、前後の関連性について確認させると文章の筋がはっきりします。

また、本単元の指導では、事実や考えに基づいた提案文を書くことが目的なので、提案内容が現実的かどうかというところにおいては、多少許容範囲を広げましょう。もし、特別活動と横断的に指導を行うなら、現実性を重視する場面もあるでしょうが、あくまでも国語での評価とは切り離して考えることが大切です。

【評価文例】

①国語「私たちにできること」では、ごみ処理場の不足という事実から、自分たちにできることを考えました。ごみ箱の中身の観察から、分別の仕方が学級内に定着していない現状をつかみ、分別ポスターの掲示を提案することができました。

②国語「私たちにできること」では、節電の大切さを訴える提案文を書きました。グループ内で何度も読み返し、提案内容が学校内での問題点に正対しているか確かめながら作文することができました。

私たちにできること

(　　)組　名前(　　　　　　　　)

教科書の例文を視写して、提案する文章の書き方を身に付けましょう。うすい文字はなぞりましょう。

①きっかけとなった経験

②現状や問題点

③提案すること

④提案理由

⑤具体的な内容

⑥提案が実現したときの効果

⑦これから願う未来や聞き手に伝えたいこと

途中省略

3．まとめ

節電の意識を広げるには、一人一人の理解と、たがいの声かけが必要だと思う。私たちの提案によって、ひかり小学校から地域へ、節電の意識が広がっていくとうれしい。

ふりかえり

提案する文章の書き方が分かりました。	
字をていねいに書くことができました。	

よくできた◎　できた○　もうすこし△

私たちにできること

（　）組　名前（　　　　）

決めたテーマについて、本や新聞、インターネットから資料を集め、提案文に入れることを決めましょう。

(1) グループで話し合い、どんなテーマについて調べ、提案するのか書きましょう。

（例）電力のむだ使い

(2) (1)のテーマについて、具体的にどのようなことが社会で問題になっているのか調べましょう。

問題となっていること

（例）電力の使用量が増えすぎると、電気の供給が難しくなり、計画的な停電などを行うことになる。

(3) グループで話し合い、提案文に入れることを、(2)で書いた中から二つ（三つ）決めて書きましょう。

私たちにできること

（　）組　名前（　　　　）

テーマについて、問題となっていることと、日々の学校生活のつながりを話し合い、構成メモにまとめましょう。

(1) テーマについて、学校生活での現状と、その原因となる問題点をグループで話し合い、二つ書きましょう。

現状	原因となる問題点
（例）教室を移動するときに、教室の電気を消し忘れているところをよく見かける。	（例）電気が限りあるエネルギーだということが、理解されていないこと。

(2) これまでの学習を、構成メモにまとめましょう。

テーマ

に関する

社会で問題になっていること（二つ）三つ

（新聞記事・本・インターネットの記事）で

ということを知った（書いてあった）。
学校での生活に目を向けてみると、

現状

という現状がある。これは、

原因となる問題点

が原因だと考えられる。

私たちにできること

（　）組　名前（　　　　）

テーマについて、問題となっていることと、日々の学校生活のつながりを話し合い、構成メモにまとめましょう。

(1) テーマについて、学校生活での現状と、その原因となる問題点をグループで話し合い、二つ書きましょう。

現状	原因となる問題点
例 教室を移動するときに、教室の電気を消し忘れているところをよく見かける。	例 電気が限りあるエネルギーだということが、理解されていないこと。

(2) これまでの学習を、構成メモにまとめましょう。

テーマ

（　　　　）

に関する

社会で問題になっていること（二つ）三つ

（新聞記事・本・インターネットの記事）で

（　　　　）

（　　　　）

（　　　　）

ということを知った（書いてあった）。
学校での生活に目を向けてみると、

現状

（　　　　）

という現状がある。これは、

原因となる問題点

（　　　　）

が原因だと考えられる。

私たちにできること

（　　）組　名前（　　　　　　）

テーマについて、どのようなことを提案するか、グループで話し合いましょう。

原因となる問題点の解決につながる具体的な提案をグループで二つ決めて書きましょう。

提案（1）

提案すること

提案理由

具体的な内容

提案が実現したときの効果

提案（2）

提案すること

提案理由

具体的な内容

提案が実現したときの効果

私たちにできること

（　　）組　名前（　　　　　　　）

テーマについて、どのようなことを提案するか、グループで話し合いましょう。

原因となる問題点の解決につながる具体的な提案をグループで二つ決めて書きましょう。

提案（1）

提案すること

提案理由

具体的な内容

提案が実現したときの効果

提案（2）

提案すること

提案理由

具体的な内容

提案が実現したときの効果

私たちにできること

（　　）組　名前（　　　　　　）

グループで役割を分担をして、提案文の下書きを書きましょう。

役割分担

(1) 提案文の構成をもとに、役割を分担しましょう。

題名（テーマから考える）

クラス　提案者全員の名前

1．提案のきっかけ

本や新聞、インターネット記事から集めた事実

担当【　　　　　　　　】

現状や問題点

担当【　　　　　　　　】

以上のことから、私たちのグループでは、次の２点の提案をする。

2．提案

提案1
提案すること、提案理由など

担当【　　　　　　　　】

提案２
提案すること、提案理由など

担当【　　　　　　　　】

3．まとめ

これから願う未来や、読み手に伝えたいこと
（視写したものを参考に作文する）

担当【　　　　　　　　】

※４人グループの場合は、全員で話し合って作文してもよい。

下書き

(2) 担当する部分の下書きをしましょう。下書きを書いたら、グループで話し合って、内容や書き方を検討しましょう。

私たちにできること

提案文を書きましょう。

〈6年〉

大切にしたい言葉

書き表し方を工夫して、経験と考えを伝えよう

六時間計画

準備物
国語辞典

【構成図作成時のポイント】

初め	中	終わり
座右の銘が決まっている児童はよいのですが、決まっていない児童がほとんどだと考えられます。まず国語辞典を使ったりインターネット検索をしたりして、座右の銘としてふさわしい言葉や文を探させます。複数挙げた中から、自分の体験につながるものを選ばせます。	二段落構成で書かせます。前半は、「選んだ理由」「座右の銘に結び付く経験」を書きます。後半は「座右の銘を知った後に変わったこと」を書きます。座右の銘と自分の経験がうまく結び付かない児童には、「別の座右の銘で考えてみてはどうか」と助言します。	今後自分がどのような生活をしたいのか、どのような考え方でいたいのかを書かせます。最後の一文でもう一度座右の銘を書かせ、言葉を強調させます。

【学習のポイント】

一番のポイントは、どの言葉を座右の銘にするかです。国語辞典を活用するのもよいですが、「座右の銘」でインターネット検索させるのが簡単です。「名言」「四字熟語」「ことわざ」様々なジャンルが出てくるので、自分に合った言葉や文を選ばせます。

ここで大切なのは、選んだ座右の銘が自分の経験に結び付けられるかどうかです。座右の銘を決める時に「自分の経験と結び付けられますか」と繰り返し伝えましょう。

【評価文例】

①国語「大切にしたい言葉」では、座右の銘を紹介する文を書きました。運動会練習での経験を踏まえて、その時の気持ちを一番表現できる言葉を辞書から探すことができました。

②国語「大切にしたい言葉」では、選んだ言葉と自分の経験が結び付いているか、丁寧に確認しながら作文することができました。

指導計画

第一時　教科書を音読し、学習計画を立てる。
第二時　視写をして、文章の書き方を知る。
第三時　座右の銘にしたい言葉を決めて、文章構成を考える。
第四時　下書きをし、推敲する。
第五時　清書をする。
第六時　文章を読み合い、感想を伝え合う。

各時間の指導略案（主な指示・発問・説明）

第一時

(1)「みなさんにとって、心に残っている言葉、大切にしたい言葉にはどのようなものがありますか。」
(2)教科書を音読し、学習計画を立てる。

第二時

(1)シートを配付する。
(2)教科書の例文を読み、文章の工夫を考えさせる。
(3)「教科書の例文を視写して、文章の書き方を身に付けます。」
(4)視写させる。

第三時

(1)シートを紙、またはデータで配付する。
(2)「構成メモを書きます。座右の銘はインターネットで調べながら決めてもよいです。初め、中、終わりの内容も考えて書きなさい。」

第四時

(1)「構成メモをもとに、下書きを書きなさい。」
(2)教科書に書かれている見直しの観点を提示する。
(3)「グループで読み合い、書き直した方がよいと思うところを付箋を使って書き込みなさい。」

第五時

(1)清書させる。

第六時

(1)「文章を読み合って、感想を伝え合いなさい。」（感想は付箋に書かせ、貼らせてもよい）

大切にしたい言葉

（　　）組　名前（　　　　）

教科書の例文を視写して、文章の書き方を身に付けましょう。

初め
選んだ座右の銘と、その説明

中
選んだ理由

座右の銘に結び付く経験

言葉を知った後に変わったこと

終わり
今後、座右の銘を大切にしながら、どのように生活していくか

大切にしたい言葉

（　）組　名前（　　　）

座右の銘を決めて、文章の構成を考えましょう。

(1) 座右の銘にしたい言葉や文をいくつか挙げましょう。

・
・
・
・

(2) (1)で書いた中から一つ選びましょう。

(3) 文章の構成を考えましょう。

初め	座右の銘 座右の銘についての説明	
中	選んだ理由 座右の銘に結び付く経験 座右の銘を知った後に変わったこと	
終わり	今後、座右の銘を大切にしながら、どのように生活していくか	

大切にしたい言葉

（　　）組　名前（　　　　　　）

座右の銘を決めて、文章の構成を考えましょう。

(1) 座右の銘にしたい言葉や文をいくつか挙げましょう。

(2) (1)で書いた中から一つ選びましょう。

(3) 文章の構成を考えましょう。

初め	中	終わり
座右の銘	選んだ理由	今後、座右の銘を大切にしながら、どのように生活していくか
座右の銘についての説明	座右の銘に結び付く経験	
	座右の銘を知った後に変わったこと	

大切にしたい言葉

（　　）組　名前（　　　　　　）

下書きをし、友達と読み合って推敲（すいこう）しましょう。

(1) 構成メモをもとに、下書きをしましょう。

(2) 友達と読み合い、教科書に示されている観点にもとづいて、推敲しましょう。

大切にしたい言葉

（　）組　名前（　　　　　）

清書をしましょう。

下書きをもとに、清書をしましょう。

思い出を言葉に

伝えたいことを明確にして書き、読み合おう

七時間計画

準備物　各学年行事での写真

指導計画

第一時　教科書を音読し、学習計画を立てる。
第二時　視写で短文の書き方を知り、テーマを決める。
第三時　テーマについて短文で表す。
第四時　詩・俳句・短歌のどれでまとめるか決める。
第五時　伝えたいことを意識して、作品の形にする。
第六時　写真やイラストを添えて、作品を仕上げる。
第七時　作品を読み合い、感想を伝え合う。

各時間の指導略案（主な指示・発問・説明）

第一時

(1)「これまでの学校生活で、どのような行事や出来事が印象に残っていますか。」
(2)教科書を音読し、学習計画を立てる。

第二時

(1)視写教材を配付する。
(2)「視写をして、作品づくりのもとになる文章の書き方を身に付けましょう。」
(3)小学校生活をふりかえり、テーマを決める。

第三時

(1)シートを紙、またはデータで配付する。
(2)「学校生活の中で特に心が動いた瞬間について、思い出しながら文に表しなさい。」
(3)書いた文の中で、特に強調したいところを決める。

第四時

(1)シートを紙、またはデータで配付する。
(2)「詩や短歌・俳句を視写して、それぞれの良さを考えましょう。」
(3)作品の形を根拠をもって決める。

第五時

(1)シートを紙、またはデータで配付する。
(2)「三時間目に書いた文章をもとに、作品の形に表しなさい。」

第六時

(1)シートを紙、またはデータで配付する。
(2)「写真などを付けて、作品を清書しなさい。」

第七時

(1)「作品を読み合って、感想を伝え合いなさい。」
（感想は付箋に書かせ、貼らせてもよい）

【作品の形式決定時のポイント】

本単元は、各自が学校生活を振り返り、特に印象的な一場面について表現するもので、その際の形式は、これまでの国語学習で扱ってきた方法から選ぶことになります。それの特長を理解した上で、表現方法を選ぶのは児童にとっては非常に難しいです。そこで、全体指導の中で仮のテーマを例示し、詩・俳句・短歌の三種類で表現させましょう。そうすることで、単に「俳句は短いから簡単」などと考える児童が少なくなり、その特長や奥深さを考えながら選ぶことができるようになります。

【学習のポイント】

本単元の学習で、最も大切にしなければならないことは、単元のテーマにもなっている「伝えたいことを明確にする」というところです。六年間の学校生活での思い出を想起して作文をすると、新聞のようにただ事実だけを伝えるものになってしまう児童がいます。そのため第三時では、選んだ出来事の中で自分自身が考えたことや、成長したと思ったことについてじっくり考えさせましょう。「～が特に面白かった」「～で悔しい思いをした」など、一人一人の思いが「伝えたいこと」として作品の柱になれば、同じイベントを選んだ児童が多かったとしても、それぞれの視点から書かれた個性の光る作品になります。

【評価文例】

①国語「思い出を言葉に」では、運動会の短距離走をテーマに、そのときの心情を詩に表しました。周囲の歓声や、強い日差しに流れる汗など、その一瞬の様子を作品メモに書き出すことで、臨場感ある作品に仕上げることができました。
②国語「思い出を言葉に」では、一年生を迎える会での出来事を短歌にしました。上の句では場面の様子を表現し、下の句で心情を表現することで、短い作品の中に山場を作ることができました。

思い出を言葉に

（　　）組　名前（　　　　　　）

教科書の例文を視写して文章の書き方を理解し、題材にしたい学校生活の一場面を決めましょう。

(1) 教科書の例文を視写して、作品のもとになる文章の書き方を身に付けましょう。うすい文字は、なぞりましょう。

〈入学式〉◎自覚

【内容】
・そのときの出来事
・自分や周りの人のしたことや言ったこと
・そのときの自分の思い

(2) 六年間の思い出をいくつか挙げましょう。

(3) (2)で書いた中から題材にしたいことを一つ選びましょう。また、その理由を書きましょう。

【理由】

思い出を言葉に

（　　）組　名前（　　　　　　）

小学校生活での思い出をふりかえり、テーマを決めましょう。

(1) 選んだ題材について詳（くわ）しく書きましょう。

【選んだ題材】

【出来事】

【自分や周りの人のしたことや言ったこと】

【そのときの自分の思い】

(2) 題材について、一〇〇字程度で作文しましょう。

(3) (2)で書いた文章の中で特に伝えたいところに線を引き、作品のテーマを決めましょう。

(例) 努力の大切さ　六年生としての自覚

思い出を言葉に

（　　）組　名前（　　　　　　）

小学校生活での思い出をふりかえり、テーマを決めましょう。

(1) 選んだ題材について詳(くわ)しく書きましょう。

選んだ題材

出来事	自分や周りの人がしたことや言ったこと	そのときの自分の思い

(2) 題材について、一〇〇字程度で作文しましょう。

(3) (2)で書いた文章の中で特に伝えたいところに線を引き、作品のテーマを決めましょう。

(例) 努力の大切さ　六年生としての自覚

思い出を言葉に

（　　）組　名前（　　　　　　　　）

教科書の詩や、短歌と俳句の例を視写しましょう。
また、それぞれのよさを考え、作品の形式を決めましょう。

(1) 教科書の詩や、短歌と俳句の例を視写して、それぞれの良さを考えましょう。

【詩】

【短歌の例】

入学式　強くにぎった　小さな手
不安受け止め　芽生えた自覚

【俳句の例】

つなぐ手に　自覚芽生える　入学式

【それぞれの良さ】

詩	短歌	俳句

(2) 作品の形式を決めましょう。また、どうしてその形式にしたのか、理由も書きましょう。

【作品の形】

【理由】

思い出を言葉に

（　　）組　名前（　　　　　　）

伝えたいことを意識して、作品を下書きしましょう。

以前書いた作文をもとに、作品の下書きをしましょう。

【テーマ】

【作品メモ】

○作品の中に入れたい言葉や文を自由に書きましょう

【詩】

【短歌・俳句】

思い出を言葉に

（　　）組　名前（　　　　　　　　）

写真やイラストを付けて、作品を完成させましょう。

伝えたいことをよく表した写真やイラストを付けて、作品を清書しましょう。

名前

名前

ワーク作成

一年　保坂雅幸
二年　小島庸平
三年　保坂雅幸
四年　保坂雅幸
五年　植木和樹
六年　青野　翔
（いずれも東京都公立小学校教員）

参考文献

『〝うつす・なおす・つくる〟の3ステップ　スラスラ書ける作文ワーク厳選44』
村野聡著　学芸みらい社　二〇一九年
『200字ピッタリ作文　指導ステップ&楽しい題材テーマ100』
村野聡著　学芸みらい社　二〇一八年
『圧倒的な作文力が身につく！「ピンポイント作文」トレーニングワーク』
村野聡著　明治図書出版　二〇二二年
『国語〝説明文教材〟の新読解ワークシート26―コピーしてすぐ使える！
全学年・全単元収録！―』保坂雅幸著　学芸みらい社　二〇二二年
『物語を楽しく深く読む！新国語ワークシート27―読解技法による文学の授業
＝全学年・全単元収録―』保坂雅幸著　学芸みらい社　二〇二一年
『板書で見る全単元の授業のすべて　国語　小学校1年上（板書シリーズ）』
岡﨑智子（著、編集）福田淳佑（著、編集）中村和弘（監修）東洋館出版　二〇二〇年
（他同シリーズ、一年生から六年生までを参考にした）

〈著者紹介〉
保坂雅幸（ほさか　まさゆき）
1980年　東京都生まれ
現在　武蔵野市立第一小学校　主幹教諭
TOSS立川教育サークル代表
TOSS青梅教育サークル所属
ICT授業活用サークルbit主催

【著書】
『物語を楽しく深く読む！　新国語ワークシート27―読解技法による文学の授業＝全学年・全単元収録―』
『国語〝説明文教材〟の新読解ワークシート26―コピーしてすぐ使える！全学年・全単元収録！―』
【共編著】
『新道徳授業が10倍イキイキ！対話型ワークシート題材70―全単元評価語一覧付き』
村野　聡／保坂雅幸　学芸みらい社

光村教科書の時短授業が実現！
「書く単元」文型入り　文章の書き方ワークシート37
―学習者端末対応「視写→構成→清書」３ステップ作文指導法―

二〇二三年一月一日　初版発行

著　者　保坂雅幸　小島庸平・植木和樹・青野　翔
発行者　小島直人
発行所　株式会社　学芸みらい社
〒一六二-〇八三三
東京都新宿区箪笥町三一番　箪笥町ＳＫビル３Ｆ
電話　：〇三-五二二七-一二六六
HP　：https://www.gakugeimirai.jp
E-mail：info@gakugeimirai.jp
印刷所・製本所　シナノ印刷株式会社
校正　菅　洋子
企画　樋口雅子
装丁・本文組版　小沼孝至

ISBN978-4-86757-016-6 C3037